EVA-MARIA BAST

LEIPZIGER FRAUEN

HISTORISCHE LEBENSBILDER AUS DER BÜRGERSTADT

LEIPZIGER VOLKSZEITUNG

Bast, Eva-Maria;
Leipziger Frauen – Historische Lebensbilder aus der Bürgerstadt

LEIPZIGER VOLKSZEITUNG in Kooperation mit:
Bast Medien GmbH, St.-Ulrich-Straße 11, 88662 Überlingen
(verantwortlich)
1. Auflage 2019
ISBN: 978-3-946581-72-7

Lektorat: Manuela Klaas
Covergestaltung: Melanie Kunze
Layout: Melanie Kunze
Satz: Melanie Kunze
Druck: Mohn Media Mohndruck GmbH

Von den Machern der preisgekrönten Reihe *Geheimnisse der Heimat*

Inhalt

Liebe Leserinnen und Leser!

Frauen haben es immer schwerer. Das ist keine Phrase. Es ist Realität. Frauen haben es schwerer Karriere zu machen, sie müssen mehr leisten, um sich gegen männliche Konkurrenz durchzusetzen. Die Kindererziehung ist immer noch vor allem Aufgabe der Mutter. Und wenn die es trotzdem geschafft hat, sich nebenbei wenigstens so etwas wie berufliche Anerkennung zu verschaffen - dann kommt garantiert irgendwer um die Ecke und meint, dass sowas ja nur einer Rabenmutter gelingen könne.

Die Herausforderungen für Frauen, die etwas wollen vom Leben – sie waren in den vergangenen Jahrhunderten nicht so viel anders als heute. Diesen Eindruck gewinnt, wer die faszinierenden Geschichten in diesem Buch liest.

Nun haben wir heute zum Glück Gesetze, die Diskriminierungen verbieten, unter denen noch eine Anna Magdalena Bach (1701-1760) zu leiden hatte: Sie musste ihre Sangeskarriere nicht wegen Haushaltspflichten, Kindererziehung oder aus Zeitmangel aufgeben, sondern weil Frauen in Kirchen gar nicht solistisch singen durften. Aber es waren und sind ja nicht immer geschriebene Regeln oder Gesetze, gegen die sich Frauen durch-

„Geschichten, die Mut machen, nie den Kopf in den Sand zu stecken, sich nicht unterkriegen zu lassen von ungerechten Regeln oder gesellschaftlichen Konventionen. Von den Damen in diesem Buch können wir alle etwas lernen. Frauen – und Männer."

setzen mussten und müssen. Clara Schumann (1819-1896) tanzte einen Seiltanz „zwischen Rücksichtnahme auf ihren Mann, Fürsorge für die Familie und dem Wunsch, ihrer eigenen [musikalischen] unglaublichen Begabung nachzugehen", schreibt Eva-Maria Bast in ihrem Beitrag. Klingt ziemlich aktuell, oder? Clara Schumann war es, die mit ihrem musikalischen Talent und Erfolg die Familie durchbrachte. Dass sie bekannter war als er, dass er in ihrem Schatten stand, das konnte ihr Mann Robert nur schwer verknusen, wie die Historikerin Doris Mundus konstatiert.

Auch die wissensdurstige Näherin Ernestine Christine Reiske (1735-1798) handelte und lebte für ihre Zeit ungewöhnlich selbstbestimmt und selbstbewusst. Und Apollonia von Wiedebach (1470-1526) wurde zur ersten Finanzministerin Sachsens – wohlgemerkt erst nach dem Tod ihres Mannes, der diesen Posten zuvor innehatte.

Dann ist da Ruth Pfau (1929-2017). „Sie war nie mutlos, hat nie aufgegeben, immer gekämpft und sich nie auf dem Erreichten ausgeruht", stellt Gudrun Matschenz fest. Die Lehrerin hat sich erfolgreich dafür eingesetzt, dass das Berufliche Schulzentrum für Gesundheit und Sozialwesen der Stadt Leipzig nach dem „Engel von Pakistan" benannt wurde. Denn diesen Status hat sie für viele Menschen dort bis heute. Pfau, die als Verlegertochter nach dem Zweiten Weltkrieg nicht in Leipzig Medizin studieren durfte und deshalb nach Mainz ging. Die ein Lepra-Programm für ganz Pakistan aufgesetzt, mehr als 50.000 Menschen geheilt hat. Nach ihrem Tod erhielt die Ärztin in Karachi ein Staatsbegräbnis.

Es sind bemerkenswerte Lebensläufe, die die Autorin in diesem Buch darstellt: Lebensläufe von Leipziger Frauen, die ihren Weg gemacht haben.

32 solcher Geschichten können Sie, liebe Leserinnen und Leser, auf den folgenden Seiten lesen. Geschichten, die Mut machen, nie den Kopf in den Sand zu stecken, sich nicht unterkriegen zu lassen von ungerechten Regeln oder gesellschaftlichen Konventionen. Von den Damen in diesem Buch können wir alle etwas lernen. Frauen – und Männer.

Ich wünsche Ihnen viel Vergnügen und Inspiration bei der Lektüre!

Ihr

Björn Meine
Ressortleiter Lokales Leipzig, Leipziger Volkszeitu

Eva-Maria Bast, wurde 1978 in München geboren und arbeitet seit 1996 als Journalistin. Nach mehreren Jahren bei der Tageszeitung *Südkurier* gründete sie 2011 mit Heike Thissen das Redaktionsbüro „Büro Bast & Thissen", das 2013 in „Bast Medien" überging. 2010 hatte sie die Idee für die Reihe *Geheimnisse der Heimat*, die zunächst als Zeitungsserie startete und im Folgejahr bereits in Buchform vorlag. Seither sind rund 70 Bände entstanden. Bast kooperiert dafür mit Medienhäusern in ganz Deutschland – und in Leipzig mit der LEIPZIGER VOLKSZEITUNG. Aus dieser Zusammenarbeit ist bereits das Buch *Leipziger Geheimnisse* hervorgegangen.

Eva-Maria Bast wurde für ihre Arbeit mehrfach ausgezeichnet, unter anderem erhielt sie drei Mal mit dem *Südkurier* den „Oscar" der Zeitungsbranche, den Deutschen Lokaljournalistenpreis der Konrad-Adenauer-Stiftung. Auch die *Geheimnisse* wurden mit dem begehrten Preis geadelt.

Bast ist zudem in der Belletristik tätig: Neben zwei Krimis liegt von ihr die vierbändige Mondjahre-Jahrhundertsaga vor. Ende 2018 erschien unter dem Pseudonym Charlotte Jacobi im Piper Verlag der Roman *Die Villa am Elbstrand*, den Bast gemeinsam mit Jørn Precht geschrieben hat und für den zwei weitere Bände geplant sind. Seit 2016 ist Eva-Maria Bast Dozentin an der Hochschule der Medien in Stuttgart. Sie lebt mit ihrer Familie in Überlingen am Bodensee und in Würzburg. Die Vereinbarkeit von Familie und Beruf liegt ihr sehr am Herzen.

Clara Wieck

k.k. oesterreichische Kammer-Virtuosinn.

DIE FRAU AUF DEM GELDSCHEIN

Leben für die Musik

Durch unzählige Hände ist sie gegangen, damals, als es noch die Mark gab. Ihr Gesicht ist jedem vertraut und wohl jeder kennt ihren Namen. Auch Doris Mundus hat dann und wann mit dem Geldschein bezahlt, auf dem sie zu sehen ist. Und mehr als das: Die Leipziger Historikerin hat sich ausführlich mit dieser ungewöhnlichen Frau beschäftigt und fasst zusammen: „Clara Schumann war über sechs Jahrzehnte als Pianistin erfolgreich. Außerdem war sie Komponistin, Klavierpädagogin, Klavierprofessorin und Herausgeberin der Werke ihres Ehemanns Robert Schumann." Sie hatte wahrhaft kein einfaches Leben an der Seite dieses Genies! Während ihrer Zeit mit Robert Schumann, so scheint es, tanzte sie einen Seiltanz zwischen der Rücksichtnahme auf ihren Mann, der Fürsorge für die Familie und dem Wunsch, ihrer eigenen musikalischen, unglaublichen Begabung nachzugehen.

Clara Schumann ist eine echte Leipzigerin: 1819 wird sie als Clara Wieck hier geboren und in der Nikolaikirche auf den Namen Clara Josephine getauft. Die Musik spielt in ihrem Leben von Anfang an eine große Rolle: „Ihr Vater Friedrich Wieck betrieb hier seit 1815 eine Musikalien- und Klavierhandlung und arbeitete als Klavierpädagoge", erzählt Doris Mundus. „Ihre Mutter Marianne, Pianistin und Sängerin, war eine seiner ersten Schülerinnen gewesen." Doch wenn sich die Eltern auch die Liebe zur Musik teilen – glücklich machen sie einander nicht. 1825 lassen sie sich scheiden. Clara, die im Alter von vier Jahren ein Jahr bei ihren Großeltern Tromlitz in Plauen lebt und erst dort sprechen lernt, wächst nach der Scheidung der Eltern mit ihren Brüdern bei Friedrich Wieck und dessen zweiter Frau, der zwanzig Jahre jüngeren Clementine

Clara Schumann lebte für die Musik – und für die Liebe.

Fechner auf, zu der sie kein gutes Verhältnis hat. Der Vater Friedrich Wieck (1785-1873) nimmt ihre musikalische Ausbildung in die Hand: Zu einem Wunderkind will er sie machen, er erteilt ihr Unterricht in Klavier, Violine und Gesang, Musiktheorie, Improvisation und Komposition, Englisch und Französisch, unterstützt wird er von Hauslehrern und Musikern. „Dazu kam viel Bewegung im Freien, die ihr dann bis ins hohe Alter ein Bedürfnis blieb", ergänzt Doris Mundus und nimmt vorweg: „Noch 1882 betonte Clara in einem Brief an die Musikschriftstellerin Marie Lipsius, dass sie ihre Leistungen vor allem der ausgewogenen musikalisch-künstlerischen und körperlichen Erziehung durch ihren Vater verdanke." Allerdings: die übrigen Fächer vernachlässigt Friedrich Wieck durchaus ganz gern.

„Dazu kam viel Bewegung im Freien, die ihr dann bis ins hohe Alter ein Bedürfnis blieb."

Die Musik sei für Clara Wieck zu ihrer Welt geworden, in die sie sich zurückziehen, ebenso aber auch Empfindungen äußern kann, fährt die Historikerin fort. Das starke Innen führt zu einem Erfolg im Außen: „Ihr ausdrucksstarkes Spiel, eigenes Komponieren und Improvisieren brachten Clara Wieck sehr früh Anerkennung als Pianistin", sagt die Leipzigerin. Als Neunjährige debütiert sie 1828 erfolgreich im Gewandhaus in einem Extrakonzert der neun Jahre älteren Grazer Pianistin Caroline Perthaler (1810-1873). Die *Leipziger Allgemeine musikalische Zeitung* ist begeistert: „In demselben Konzerte war es uns noch besonders angenehm, die erst neunjährige, mit vielen Musikanlagen ausgestattete Clara Wieck vierhändige Variationen über einen Marsch aus ‚Moses' von Kalkbrenner, mit allgemeinem und verdientem Beifalle vortragen zu hören. Unter der Leitung ihres musikerfahrenen, die Kunst des Pianofortespiels wohl verstehenden und dafür mit Liebe sehr tätigen Vaters dürfen wir von ihr die größten Hoffnungen hegen."

Clara macht Bekanntschaft mit den Größen ihrer Zeit: Sie musiziert vor Goethe (1749-1832), lernt Niccolò Paganini (1782-1840) kennen, freundet sich mit Franz Liszt (1811-1886) und Frédéric Chopin (1810-1849) an, wird von Felix Mendelssohn Bartholdy (1809-1847) gefördert – ein Auftritt jagt den nächsten. „Auch als Komponistin war sie sehr früh aktiv. Die 1829/1830 im Alter von zehn und elf

Jahren komponierten Quatre Polonaises op. 1 wurden 1831 veröffentlicht“, nennt Doris Mundus ein Beispiel.

Und dann, es ist das Jahr 1828, tritt auch schon der 18-jährige Jura-Student Robert Schumann (1810-1856) in ihr Leben, ein Klavierschüler ihres Vaters, der teilweise auch bei der Familie lebt. Clara ist erst achteinhalb, Robert zu Clara und ihren Brüdern sehr nett, er erzählt ihnen selbst erfundene Märchen. Clara schwärmt für ihn. Immer mehr, je älter sie wird. Robert verspricht jedoch einer anderen die Ehe: „1834 hatte sich Schumann zunächst mit Wiecks Klavierschülerin Ernestine von Fricken verlobt, die er irrtümlich als reiche Erbin ansah“, sagt Doris Mundus trocken. Dann aber trennt er sich von Ernestine und wendet seine ganze Aufmerksamkeit der jungen Clara zu. Die ist selig, als sie 16 Jahre alt ist, küsst er sie zum ersten Mal, nennt sie seine „Zilia“, seine „Chiara“.

Doris Mundus vor dem Schumannhaus, der ersten gemeinsamen Wohnung des jungen Ehepaars Clara und Robert Schumann.

Und an Claras 18. Geburtstag bittet Robert Schumann Vater Wieck schriftlich um die Hand seiner Tochter. Der allerdings ist von der Vorstellung, Clara solle diesen Schumann heiraten, alles andere als angetan. Zum einen fürchtet er, Schumann könne Clara nicht ordentlich versorgen und bescheinigt ihm, wegen einer Fehlstellung seiner Hand, nie ein ordentlicher Pianist zu werden. Zum anderen fürchtet er, dass Claras Karriere durch eine Ehe mit Schumann stark gefährdet werde. Schließlich läuft es gut für Clara: „Konzertreisen nach Paris, Prag und Wien hatten sie auch international bekannt gemacht“, unterstreicht Doris Mundus. „In Wien wurde ihr 1838 nach der Aufführung von Beethovens ‚Appassionata‘ der Titel einer kaiserlichen und königlichen Kammervirtuosin verliehen. Im gleichen Jahr erschienen die ersten Lexikonartikel über sie.“

Vater Wieck, den Robert Eitner im Jahr 1897 in der *Allgemeinen Deutschen Biographie* als „kräftige, biedere echt deutsche Natur, dabei aber hart und strenge“ bezeichnet, verweigert also seine Zustimmung. Clara und Schumann wollen sich damit nicht abfinden. Clara schreibt ihrem Robert heimlich Briefe, immer rasend vor Angst, der Vater könne dahinterkommen. „Nimm mir nur nicht übel, daß ich so fürchterlich schlecht geschrieben, doch stelle Dir vor, dass ich stehe und das Blatt auf der Kommode liegt, worauf ich schreibe. Bei jedem Mal Eintunken in das Tintenfaß lauf ich in die andere Stube“, schreibt Clara etwa. Und: „Ich bitte Dich, sei mir nicht böse, daß der Brief so kurz wird, doch denke, es ist zehn Uhr und ich schreibe voll Herzensangst stehend in meiner Kammer.“

Auf dem 100-D-Mark-Schein ist ein Porträt von Clara Schumann abgebildet.

Das Glück der beiden: Als Friedrich Wieck Clara zu einem befreundeten Ehepaar nach Dresden schickt, mit der Absicht, die beiden zu trennen, findet sie in ebenjenem Ehepaar die idealen Unterstützer, anschließend lebt Clara mit ihrer Mutter in Berlin, auch hier darf sie Robert sehen. Das junge Liebespaar will sich nicht von der Hochzeit abbringen lassen: Am 16. Juli 1839 reichen sie in Leipzig Klage ein. Entweder solle Vater Wieck oder das Amt der Eheschließung zustimmen.

Clara hat jedoch durchaus Zweifel. Ihrem Tagebuch vertraut sie an: „Roberts Liebe beglückt mich unendlich. – Ein Gedanke beunruhigt mich zuweilen, der, ob ich es auch vermögen werde, Robert zu fesseln! Sein Geist ist so groß […] Jetzt trachte ich auch darnach, so viel als möglich mit der Künstlerin die Hausfrau zu vereinen. Das ist eine schwere Aufgabe! Meine Kunst lasse ich nicht liegen, ich müßte mir ewige Vorwürfe machen. Sehr schwer denke ich mir die Führung einer Wirthschaft, immer das rechte Maaß und Ziel zu treffen, nicht zu viel auszugeben, aber auch nicht in Geiz zu verfallen. [...] Meine größte Sorge ist seine Gesundheit! Sollte ich den Schmerz erfahren müssen, ihn zu verlieren – ich wüßte nicht, ob ich den Mut hätte, noch zu leben." Wie recht Clara mit all ihren Sorgen haben wird, soll sich noch zeigen.

In der Gedächtniskirche in Schönefeld gaben sich Clara und Robert das Ja-Wort.

Friedrich Wieck versucht einiges, um die Hochzeit zu verhindern, doch dann endlich ist es so weit: Das Gericht stimmt der Eheschließung zu, am 12. September 1840 heiratet das Paar in der Gedächtniskirche Schönefeld, erst drei Jahre später wird sich die junge Familie mit Wieck, der immerhin den ersten Schritt macht, versöhnen.

Zunächst jedoch zieht das Ehepaar Schumann in seine erste gemeinsame Wohnung in der Leipziger Inselstraße. „Friedrich Wiecks Vorbehalte gegen die Heirat schienen zunächst unbegründet, denn Robert und Clara empfanden ihre Ehe als künstlerische Schaffensgemeinschaft", ordnet Doris Mundus ein. „Robert teilte nicht das Vorurteil seiner Zeit, Frauen hätten nur reproduzierende, keine kreativen Fähigkeiten, und bewunderte die Ebenbürtigkeit von Claras Kompositionen." Und die beiden sind auch ausgesprochen schöpferisch: So entsteht zum Beispiel ein gemeinsamer Zyklus nach Gedichten Friedrich Rückerts (1788-1866), das Ehepaar bekommt viel Besuch zum gemeinsamem Musizieren, darunter Felix Mendelssohn Bartholdy.

Dennoch hängt der Haussegen schon nach kurzer Zeit schief: „Im familiären Alltag fühlte sich Robert beim Komponieren bald durch Claras Klavierspiel gestört. Misserfolge bei der Aufführung seiner Kompositionen führte er auf Claras angeblich ungenügende Interpretation zurück", sagt die Historikerin. Die Kinderschar wächst, Robert ist nicht erfolgreich genug, um die Familie zu ernähren. Clara bessert das Einkommen durch ihre Konzertreisen auf, auf die sie ihr Mann begleitet, während die Kinder von Ammen betreut werden. Besonders bedeutend ist die große Russlandtournee vom 25. Januar bis zum 30. Mai 1844, bei der die Schumanns sogar von der Zarenfamilie empfangen werden. Robert Schumann ist allerdings neidisch auf den Erfolg seiner Frau, es passt ihm nicht, immer nur in ihrem Schatten zu stehen. „Dabei erbrachte ihre von Mendelssohn vermittelte Russlandreise so viel Geld, dass die damals vierköpfige Familie fast ein Jahr lang davon leben konnte", verdeutlicht Doris Mundus. Aber es kränkt Robert wohl zu sehr, auf das Einkommen seiner Frau angewiesen zu sein, zudem ist seine Künstlerseele verletzt: „Roberts Lage als Karrierebegleiter seiner Frau auf Reisen war nicht einfach", erklärt Doris Mundus. „Clara war bekannter als er, der nach einem ihrer Konzerte sogar gefragt wurde, ob auch er musikalisch sei." Außerdem gelingt es ihm nicht zu komponieren, wenn er unterwegs ist. Als Schumann im August 1844 einen Zusammenbruch erleidet, ist Clara in großer Sorge, in der nächsten Zeit reist sie nicht, außer mit ihrem Mann in den Harz, auf dass dieser genesen möge, was er jedoch nicht tut. Ebensowenig fruchtet eine Erholungsreise nach Dresden, wo er acht Tage lang keinen Schlaf findet.

„Die Werke der Komponisten wurden in Noten für die Nachwelt dokumentiert, die Kunst der Interpretierenden aber blieb bis zur Erfindung der Tonaufzeichnung auf die Wirkung des Augenblicks beschränkt."

Robert Schumann bewirbt sich als Gewandhauskapellmeister und als daraus nichts wird, zieht die Familie ganz nach Dresden. „Clara versuchte, Ärgernisse von ihrem sensiblen Mann fernzuhalten, um sein Komponieren zu fördern", fährt Doris Mundus fort. Die eigene Karriere – gern hätte Clara mehr komponiert – vernachlässigt sie. „Die Werke der Komponisten wurden in Noten für die Nachwelt dokumentiert, die Kunst der Interpretierenden aber blieb bis zur Erfindung der Tonaufzeichnung auf die Wirkung des Augenblicks beschränkt. Lobende Beiträge der Musikkritiker zum Spiel der Interpreten waren nur ein unzureichender Ersatz", erzählt die Historikerin weiter. Und ihrem Mann ist es extrem wichtig, in der ersten Reihe zu stehen: „So legte Robert Schumann 1846 auch großen Wert darauf, auf dem Doppelmedaillon des Dresdner Bildhauers Ernst Rietschel mit seinem Profil vorn zu erscheinen, Claras Profil dahinter, da der schaffende Künstler ja Vorrang vor dem reproduzierenden habe."

Ohnehin hat Clara bald mehr als genug zu tun: Vier weitere Kinder bringt sie in Dresden zur Welt; in Düsseldorf, wo Robert Schumann 1850 die Stelle des Städtischen Musikdirektors antritt, nochmals zwei, auch eine Fehlgeburt hat sie zu erleiden. Obwohl Robert nun in Lohn und Brot steht, ist die Familie in Düsseldorf nicht glücklich: Ständig müssen sie umziehen, eine Stütze sind Clara in jenen Jahren ihre Freunde, darunter Johannes Brahms (1833-1897), über den sie schreibt: „Dieser Monat [der Oktober 1853] brachte uns eine wunderbare Erscheinung in dem 20jährigen Komponisten Brahms aus Hamburg. Das ist wieder einmal einer, der kommt wie von Gott gesandt."

Clara Schumann im Jahr 1857.

1854 geht es Robert immer schlechter. Er hört Geräusche, Töne, Musikstücke, wird von ihnen verfolgt, kann nicht mehr schlafen, hat Schmerzen und Halluzinationen. Am 27. Februar sucht er mit Sprung von einer Brücke einen Ausweg – allein: er wird gerettet, der Suizid ist missglückt. Robert Schumann wird in eine Anstalt bei Bonn eingewiesen. Clara, schwanger mit ihrem jüngsten Sohn Felix, erfährt zunächst nur das er verunglückt ist, nichts jedoch von seinem Selbstmordversuch, besucht ihn auf dringendes Anraten der Ärzte nicht und zieht mit den Kindern zu einer engen Freundin, der erblindeten Düsseldorfer Kunstliebhaberin Rosalie Leser (um 1815-1896). Erst viel später, zwei Tage vor seinem Tod, sucht sie ihn auf Anraten der Ärzte auf.

Sofort nach Roberts Einweisung nimmt Clara ihre Konzerttätigkeit wieder auf, um dessen Unterhalt in der Klinik und den der Kinder zu sichern. Mit Johannes Brahms pflegt sie in jenen Jahren eine enge Freundschaft. „Brahms gehörte nach Schumanns Selbstmordversuch neben Joseph Joachim und Rosalie Leser zu den engsten Vertrauten Claras, besuchte den Komponisten in der Klinik und kümmerte sich bis 1856 um die Schumann-Kinder, wenn Clara auf Konzertreisen war", sagt Mundus. Brahms mietet sich zunächst in der Nähe ihrer Wohnung ein Quartier, um sich wenig später ein Zimmer im gleichen Haus zu nehmen. Er ist ihr Freund, ihr Vertrauter, hilft ihr, wo er nur kann. Ob sie ein Liebespaar sind? Beide haben ihre Briefe – das haben sie verabredet – vernichtet, einige wenige sind aber erhalten, etwa der vom 31. Mai 1856, in dem er schreibt: „Meine geliebte Clara, ich möchte, ich könnte Dir so zärtlich schreiben, wie ich Dich liebe, und so viel Liebes und Gutes tun, wie ich Dir's wünsche. Du bist mir so unendlich lieb, dass ich es gar nicht sagen kann. In einem fort möchte ich Dich Liebling und alles mögliche nennen, ohne satt zu werden, Dir zu schmeicheln. […] Deine Briefe sind mir wie Küsse."
Das ist zu einer Zeit, als Robert Schumann noch lebt, aber schon lang in der Klinik ist, später, vor allem nach Schumanns Tod sind die Briefe zurückhaltender. In ihrem Tagebuch schreibt Clara Schumann – an ihre Kinder: „Gott sendet jedem Menschen, sei er auch noch so unglücklich, immer einen Trost […] Da kam Johannes Brahms. Ihn liebte und verehrte eurer Vater, wie außer Joachim keinen; er kam, um als treuer Freund alles Leid mit mir zu tragen; er kräftigte das Herz, das zu brechen drohte, er erhob meinen Geist, erheiterte, wo er nur konnte, mein Gemüt, kurz er war mein Freund im vollsten Sinne des Wortes. […] Wohl kann ich euch sagen, meine Kinder, daß ich nie einen Freund so liebte wie ihn – es ist das schönste Einverständnis unsrer Seelen; […] glaubt eurer Mutter, was

„Die erstgeborene Marie übernahm frühzeitig die Rolle eines Kindermädchens für die jüngeren Geschwister, war die Vertraute der Mutter, ihre Begleiterin auf Reisen und Gehilfin beim Unterrichten der zahlreichen Klavierschülerinnen und Klavierschüler."

sie euch sagt, und hört nicht kleinliche und neidische Seelen, die ihm meine Liebe und Freundschaft nicht gönnen, daher ihn anzutasten suchen oder gar unser schönes Verhältnis, das sie entweder wirklich nicht begreifen oder nicht begreifen wollen. […]"

Ein Porträt von Clara Schumann aus dem Jahr 1887.

Ihre Kinder leben zeitweise nicht bei ihr: „Clara Schumann hatte in dreizehn Jahren acht Kinder zur Welt gebracht. Die erstgeborene Tochter Marie übernahm frühzeitig die Rolle eines Kindermädchens für die jüngeren Geschwister, war die Vertraute der Mutter, ihre Begleiterin auf Reisen und Gehilfin beim Unterrichten der zahlreichen Klavierschülerinnen und -schüler", sagt Doris Mundus. Als Schumann eingewiesen wird, ziehen die drei Älteren jedoch zu Verwandtschaft in Leipzig oder Berlin, nach dem Tod Schumanns zwei Jahre nach seiner Einweisung besuchen zwei weitere Jungen, Ludwig und Ferdinand, ein Internat, die älteren Kinder ziehen indes nach ihrem Umzug nach Berlin im Oktober 1857 wieder zu ihr. 1863 wechselt Clara nach Baden-Baden, sie hat eine Liebesbeziehung zu dem Komponisten Theodor Kirchner (1823-1903), der allerdings spielt und ein problematischer Charakter ist. Clara beendet die Beziehung schließlich. Sie widmet sich nun der Herausgabe der Werke ihres verstorbenen Mannes: „Als Nachlassverwalterin von Robert Schumann begann Clara 1881 mit der Veröffentlichung der Gesamtausgabe seiner Werke für den Musikverlag Breitkopf & Härtel. 1885 gab sie die Jugendbriefe Robert Schumanns heraus; 1886 folgten seine Klavierwerke", sagt Doris Mundus.

Sie ist weiterhin eine gefeierte Konzertpianistin und reist durch ganz Europa. Ihr letztes Konzert gibt sie am 12. März 1891 im Alter von 71 Jahren. Ihr Leben jedoch, das verklingt erst später: Clara Schumann stirbt nach zwei Schlaganfällen im Alter von 77 Jahren 1896 in Frankfurt am Main.

....

Erinnerungsorte:

Clara Schumann wurde im Eckhaus „Hohe Lilie“, Preußergäßchen 48/ Neumarkt 28 geboren. Sie lebte im Salzgäßchen, Haus 407, in Selliers Hof, Grimmaische Gasse 36 (Ecke Reichsstraße), in der Nikolaistraße 29 und in der Inselstraße 5 (heute 18). Hier sind die Freie Grundschule „Clara Schumann“ mit musischer Orientierung, die Musikschule Clara Schumann und das Schumann-Museum untergebracht. Der historische Wohnbereich der Schumanns mit dem Musiksalon ist denkmalgerecht wiederhergestellt. An dem Haus befindet sich auch eine Gedenktafel.
Eine weitere Gedenktafel hängt am Karstadt-Gebäude am Neumarkt.
Seit 1920 ist die Clara-Wieck-Straße nach ihr benannt.
Ein schöner Erinnerungsort ist auch die Gedächtniskirche in der Ossietzkystraße 39. Hier heirateten am 12. September 1840 Clara Wieck und Robert Schumann. Die Hochzeitsstühle sind im Original erhalten.

Else Dürr stiftete im Ersten Weltkrieg einen Lazarettzug. Dafür wurde später ihr zu Ehren eine Silbermünze geprägt.

Mit dem Zug an die Front…

… und zum Dank eine Silbermünze

Leid konnte sie nicht mitansehen. Sie musste immer etwas tun, um zu helfen. Und sie fand auch stets eine Lösung: Zum Beispiel, indem sie im Ersten Weltkrieg einen Lazarettzug stiftete und ihn 44 Mal an die Front begleitete. „Else Dürr muss ein großes Organisationstalent besessen haben, Durchsetzungsvermögen und auch eine starke soziale Ader", bescheinigt ihr Sabine Knopf. „Darüber hinaus führte sie den Verlag ihres früh verstorbenen Mannes, Johannes Friedrich Dürr weiter, um ihrem Sohn eine Existenz zu sichern."

Elisabeth Pauline Gontard, von allen nur Else gerufen, erblickt 1867 auf Gut Mockau bei Leipzig das Licht der Welt. Ihre Vorfahren sind Hugenotten, also französische Protestanten, die im 17. Jahrhundert vor der Verfolgung in ihrem Heimatland flohen. Viele protestantische Herrscher im Deutschen Reich empfingen die Hugenotten mit offenen Armen und legten ganze Plandörfer für sie an: Die Hugenotten galten als handwerklich und unternehmerisch sehr geschickt, diese Innovationskraft war im Deutschen Reich vielerorts willkommen. Und auch die Nachfahren der Glaubensflüchtlinge werden nicht selten von großer Bedeutung für ihr Umfeld sein. Elses Vater, Gutsbesitzer Adolf Andreas Gontard (1834-1909), ist hier ein gutes Beispiel. Er fördert die Industrialisierung und Bebauung Mockaus.

Das zerstörte Geschäftshaus von Dürr in der Innenstadt.

Die Familie legt Wert darauf, dass Else andere Länder und Sprachen kennenlernt. „Als junges Mädchen verbrachte sie längere Zeit in einem Pensionat in Lausanne und lebte später in London bei einer Schwester ihrer Mutter, um Französisch und Englisch gründlich zu erlernen", sagt Sabine Knopf. Und dort, in England, lernt sie nicht nur eine andere Sprache und in Teilen andere Bräuche kennen, sondern auch die Idee des Sozialismus. „Sie fand, dass diese Idee durchaus seine Berechtigung habe."

In der weitverzweigten Familie findet sie auch ihren künftigen Ehemann, Johannes Friedrich Dürr (1867-1910), Inhaber eines pädagogischen Verlags, der „Dürrschen Buchhandlung" in Leipzig. Ihre Tante Marie Gontard ist seit 1859 mit dessen Onkel, dem Kunstverleger Alphons Dürr, verheiratet.

1890 heiraten Else und Johannes, ziehen in eine Villa nach Gaschwitz und schon hier verdingt sie sich karitativ: „In den umliegenden fünf Dörfern schuf sie Wohlfahrtseinrichtungen", sagt Sabine Knopf. Und sie kümmert sich hingebungsvoll um ihre Kinder, drei Mädchen und ein Junge. Obwohl ihr Ehemann, ein konservativer Landtagsabgeordneter, „ihr zunächst nur Wirkungsmöglichkeiten innerhalb der Bereiche Kinder, Küche, Kirche zugestand", wie Sabine

Knopf sagt, bittet er sie, sich 1909 dem konservativen Deutschen Frauenbund anzuschließen. Letzterer beauftragt Else Dürr, eine Leipziger Ortsgruppe zu gründen, von ihrem Gatten erhält sie Unterstützung.

Ein Jahr später ist sie Witwe: 1910 wählt Johannes Friedrich Dürr den Freitod. „Zuvor hatte er verfügt, dass der Verlag nach seinem Tod verkauft werden solle. Else Dürr wollte jedoch ihrem damals 17-jährigen Sohn den Verlag als Existenzgrundlage erhalten. Als Witwe setzte sie daher ihr Vorbehaltsgut ein und übernahm nach langen juristischen Verhandlungen 1912 gemeinsam mit dem Prokuristen die Leitung der Dürrschen Buchhandlung", berichtet die Leipzigerin weiter. Und sie engagiert sich auch künftig für die konservative Frauenbewegung. „Als 1914 in Leipzig die Bugra, eine internationale Buchgewerbeausstellung, veranstaltet werden sollte, organisierte Else Dürr die Verkaufsschau ‚Die Frau im Buchgewerbe, mit der sie einen Überblick über die Literatur von Frauen des In- und Auslandes schuf. Durch Engagement, Verhandlungsgeschick und Durchsetzungsvermögen gelang es ihr, auch Bücher von Frauen aus England und Frankreich dort auszustellen", sagt Sabine Knopf, die durch die Buga übrigens auf die Verlegerin aufmerksam wurde: Knopf hat zum 100. Jubiläum der berühmten Ausstellung einen Aufsatz geschrieben, stieß dabei auch auf Else Dürr, war fasziniert und recherchierte weiter. Besonders bewegt war sie von Else Dürrs Engagement für andere: Denn im Ersten Weltkrieg kümmert sie sich wieder um die, die dringend Hilfe benötigen: Sie stiftet den Lazarettzug F2, der Hilfsgüter an die Fronten transportieren und Verwundete zurückbringen soll und begleitet ihn ganze 44 Mal. „Zum Andenken daran wurde später eine Medaille geprägt", sagt Sabine Knopf.

Else Dürr leitete ab 1912 die Dürrsche Buchhandlung.

Als der Krieg zu Ende ist, führt Else Dürrr den Verlag ihres Mannes weiter und bereitet ihren Sohn darauf vor, diesen später einmal zu übernehmen. Und dabei setzt sie eigene Akzente: „Die Dürrsche Buchhandlung brachte nach dem Ersten Weltkrieg ein umfassendes Bilderbuchprogramm heraus, welches das theoretische, pädagogische und das Schulbuchprogramm ergänzte", sagt Sabine Knopf. Allein, den Nazis gefällt ihr Wirken nicht: „Ihre Schwiegertochter Martina war zudem die Schwester des Unternehmers Walter Cramer, der zur Widerstandsgruppe um Carl Friedrich Goerdeler gehörte", ergänzt Sabine Knopf.

„Sie muss ein großes Organisationstalent besessen haben, Durchsetzungsvermögen und auch eine starke soziale Ader."

1944 schließt die NSDAP den Verlag. Im gleichen Jahr stirbt Else Dürr, die tapfere Verlegerin mit dem großen Herzen.

Erinnerungsorte:

Else Dürr lebte in der Kieler Straße 15, der Schenkendorfstraße 5, der Salomonstraße 5, in Gaschwitz im Haus Harthblick, Dorfstraße 31, in der Straße des 18. Oktobers 17 und in der Kieler Straße 13.

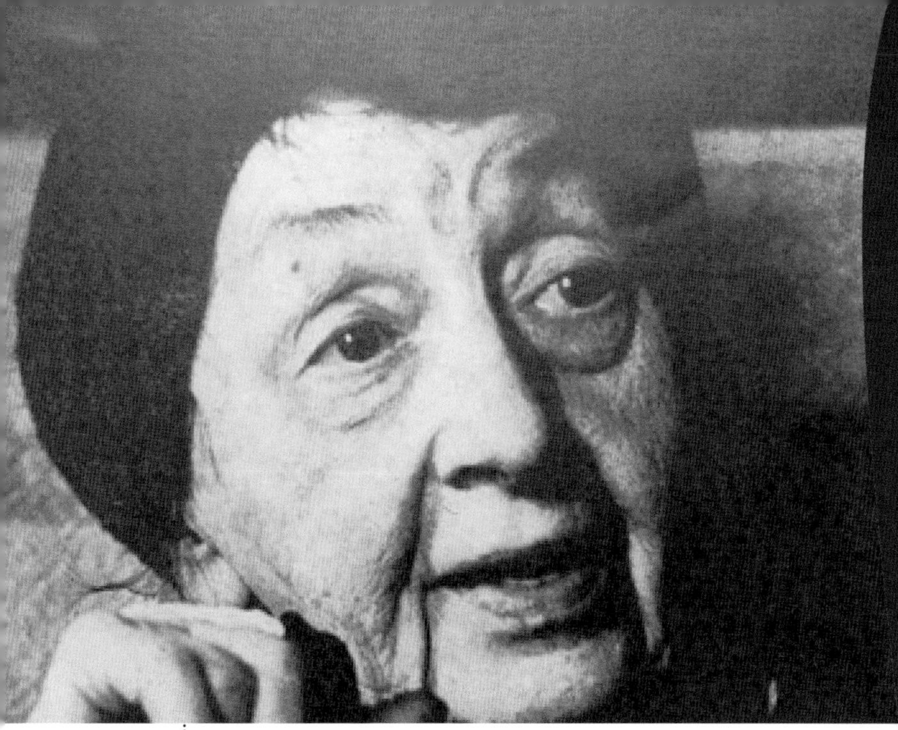

Auch im Alter behielt Elisabeth Voigt mit ihren wachsamen Augen die Welt immer im Blick.

Die erste Kunstprofessorin

Ein scharfer Blick auf die Welt

„Ihre Hände: fast männlich. Ihr Schritt: energisch. Ihr Wesen: widerspruchsvoll. Sanftheit und Energie, Zartheit und Kraft bündelten sich in dieser klugen Frau und wissenden Künstlerin, also in einem Menschen, dem man nicht ein X für ein U setzen konnte." So schrieb einer über sie, der sie kannte: Ihr Schüler Arnd Schultheiß. Auch die Kunstwissenschaftlerin Rita Jorek lernte Elisabeth Voigt noch kennen. Und sie sagt: „Mich beeindruckte sie sehr und natürlich ihre Bilder, die Intensität und Originalität der Gestaltung, das Tiefschürfende und Renitente in ihren Interpretationen." Wie ein Bekenntnis tauchten in ihren Bildern schon früh und immer wieder die Wörter Freiheit, Gleichheit, Gerechtigkeit auf.

Schon in jungen Jahren lernt Elisabeth Voigt die Welt kennen: Nachdem sie in Leipzig eine Privatschule besucht hatte, zog ihr Vater der Chemiker Karl Hermann Voigt 1911 mit der Familie nach Philadelphia (USA), um eine Fabrik zu gründen. Doch bald müssen sie dort alles aufgeben: „Der Ausbruch des Ersten Weltkriegs und finanzielle Schwierigkeiten erzwangen die Rückkehr nach Leipzig, was der jungen Frau die Chance eröffnete, ihren künstlerischen Ambitionen nachzugehen und 1914 an der Leipziger Königlichen Akademie für graphische Künste ein Studium aufzunehmen, um es dann, zunächst gegen den Willen des Vaters, an der Hochschule für bildende Künste in Berlin-Charlottenburg bei Karl Hofer fortzusetzen", erzählt Rita Jorek und ergänzt: „Die beiden hatten eine sehr innige, wahrscheinlich auch intime Beziehung und beeinflussten sich gegenseitig in ihren Werken. Der Kunsthistorikerin Barbara John verdanken wir aufschlussreiche Erkenntnisse zu Leben und Schaffen unserer Protagonistin." Ja, Elisabeth lernt bei den ganz Großen: „So war sie Meisterschülerin von Käthe Kollwitz an der Preußischen Akademie der Künste zu Berlin, bis diese die neuen Machthaber relegierten", unterstreicht die Kunstwissenschaftlerin.

„Die beiden hatten eine sehr innige, wahrscheinlich auch intime Beziehung und beeinflussten sich gegenseitig in ihren Werken."

Elisabeth Voigt hat Erfolg mit ihrem Werk: 1930 erhält sie am Leipziger Alten Theater Aufträge für Bühnenbilder, und sie wird mehrfach ausgezeichnet: 1933 beispielweise mit dem Dürerpreis der Stadt Nürnberg und mit zwei Stipendien: „Schon 1921 ermöglichte ihr der Studienpreis, den ihr eine Jury unter Max Liebermann zuerkannt hatte, einen Aufenthalt in Italien; der Rompreis der Preußischen Akademie der Künste garantierte ihr 1934/35 Leben und Arbeit in der Villa Massimo, wo sie an der hellsichtigen Serie von Tuschzeichnungen zum ‚Totentanz' arbeitete", referiert Rita Jorek.

Die Kunstwissenschaftlerin charakterisiert: „Ihre Grafik und auch die Malerei traten durch Spannungsreichtum und Furiosität hervor, die aus ihrer Liebe zur Renaissance erwuchsen und mit zeitgenössischen Strömungen vom Jugendstil bis hin zum Expressionismus und zur französischen Moderne verschmolzen." Scharf sei ihr Blick auf die Welt gewesen, kompromisslos, und in ihren Mutter-Kind-Bildern – sie selbst hatte keine Kinder – verbinden sich Sensibilität mit Nüchternheit.

Rita Jorek vor dem Elternhaus von Elisabeth Voigt in der Brockhausstraße 22.

Die Nationalsozialisten akzeptieren ihre Bilder – und während sich Käthe Kollwitz und Karl Hofer Berufsverboten und Verunglimpfungen ihres Schaffens ausgesetzt sehen, darf Elisabeth Voigt weiter malen und erhält in dieser Zeit wiederholt Preise, darunter 1943 zusammen mit Arno Breker (1900-1991)den Premio Cremona, der 1938 von dem antisemitisch eingestellten Politiker Roberto Farinacci (1892-1945) mit dem zweifelhaften Ziel ins Leben gerufen wurde, den Faschismus in der italienischen Malerei zu fördern. „Ihr ambivalentes Verhalten ergibt sich nicht zuletzt aus der Notwendigkeit, von ihrer Kunst existieren zu müssen", ordnet Rita Jorek dieses Kapitel im Leben der Künstlerin ein. „1893 geboren gehört Elisabeth Voigt der heute sogenannten verlorenen Generation an. Sie erlebte, wie ihre Lehrer und Vorbilder durch die Nazis diskriminiert wurden. Selbst konnte sie sich nie ganz vom NS-Regime distanzieren, war aber innerlich dagegen, was ihre Werke aus dieser Zeit bedingt, mehr noch die Position in Bildern und ihre Haltung nach 1945 erkennen lassen."

Voigt lebt inzwischen in Berlin, gegen Ende des Kriegs werden ihr dortiges Atelier und damit die meisten Werke bei zwei Bombenangriffen zerstört. „So kehrte sie 1945 fast ohne Hab und Gut in ihr Leipziger Elternhaus zurück", sagt Rita Jorek. Und sie fährt fort: „Den Schrecken des Krieges hatte sie 1944 in ihren Zeichnungen vom Berliner Luftschutzkeller Gestalt gegeben, – klagende Anklage, wie es später auch Henry Moore formulierte, so in dem Pietamotiv vor verzweifelten, verängstigten Frauen und Kindern." Totenkopfbilder von Tier und Mensch würden zur Reminiszenz an das unfassbare Geschehen.

> ***„Mit ihren Kunst- und Lebenserfahrungen aus den stellte sie sich den dogmatischen Vorstellungen der sich etablierenden Kulturpolitik entgegen."***

Und dann ist der Krieg vorbei, Elisabeth Voigt wird Professorin an der Hochschule für Grafik und Buchkunst Leipzig. Ihre Lehrmethoden sind geprägt von Experimentierfreude, sie muntert auf, spricht Mut zu und all das, sagt Rita Jorek, sei für ihre Schüler ein Stück Freiheit oder Befreiung gewesen, eine Alternative in jener von ideologischer Bevormundung geprägten Zeit. „Mit ihren Kunst- und Lebenserfahrungen stellte sie sich den dogmatischen Vorstellungen der sich etablierenden Kulturpolitik entgegen", resümiert die Kunstwissenschaftlerin. Elisabeth Voigts über Jahrzehnte erarbeitete Kunstauffassung passt nicht ins dogmatische Realismuskonzept der DDR-Kulturpolitik. Quälende Auseinandersetzungen hätten ihre Stimmung verdunkelt und Melancholie habe ihr Schaffen überschattet, „was sich ganz intensiv in der Metapher von den leeren Stühlen niederschlug, die in graphischen Blättern eine zunehmende Vereinsamung anzeigt." Ein zusätzlicher Lehrauftrag am Institut für Kunsterziehung der Universität Leipzig entlastet ihre Situation an der Hochschule und bringt mit neuen Schülern neue Anerkennung.

1953 ist sie in den Formalismusstreit der DDR involviert, einer staatlich initiierten Kulturdebatte, deren Ziel eine klare Abgrenzung der DDR-Kunst vom „westlich-dekadenten Kunstbetrieb" ist. Voigt verweigert ihre Teilnahme an der Dritten Deutschen Kunstausstellung in Dresden. Ohnehin habe „keines der Werke bedeutender bildender Künstler Deutschlands Gnade vor den Augen der Jury", gefunden, wie

Ute Tarz in einem Aufsatz über Elisabeth Voigt schreibt. „Den Künstlern war demonstriert worden, dass sie die führende Rolle der SED auch in ästhetischen Fragen zu akzeptieren hatten, wenn sie erfolgreich arbeiten wollten. Alle bis dahin geachteten Künstlerkollegen wurden für Jahre ins Abseits gedrängt." Deshalb habe es Elisabeth Voigt 1958 als ihre moralische Pflicht angesehen, aus dem Verband Bildender Künstler auszutreten, der ihr dennoch 1975 die nicht von ihr erwünschte Ehrenmitgliedschaft anträgt. In jenem Jahr 1958 erfolgt auch die Emeritierung.

Frei ist sie nun – freischaffend. Sehr zurückgezogen verbringt sie ihre letzten Jahre – im Haus ihrer Kindheit, dort, wo einst ihr Wunsch entstanden war, Malerin zu werden.

Erinnerungsorte:

Sie lebte in ihrer Kindheit und Jugend sowie ab 1945 bis an ihr Lebensende in der Leipziger Brockhausstraße 22. Zu ihrem 100. Geburtstag wurde dort eine Gedenktafel angebracht. Ihr Grab befindet sich auf dem Leipziger Südfriedhof Abteilung II/1 neben den letzten Ruhestätten anderer Künstler, Schriftstellerinnen und Wissenschaftler.

DER ENGEL VON PAKISTAN

Leipziger Ärztin kämpft gegen Lepra

Sie war klein und zart, fast unscheinbar. Aber wenn sie sprach, dann sprudelten die Energie und die Worte nur so aus ihr heraus. Ruth Pfau war in ihren Gedanken stets einen Schritt weiter. Unzählige haben ihr ihr Leben zu verdanken. Gudrun Matschenz hat diese Frau schon immer bewundert und sich dafür stark gemacht, dass eine Berufsschule in Leipzig nach ihr benannt wird. Außerdem hat sie die Leipziger Ärztin, die nach Pakistan ging, um die Menschen dort von Lepra zu heilen, besucht. Sie sagt über ihr Vorbild: „Ruth Pfau hatte immer Visionen und war nie mutlos, hat nie aufgegeben, immer gekämpft und sich nie auf dem Erreichten ausgeruht. Das Leben im muslimischen Pakistan wurde ihre Berufung und war für sie Herausforderung und Abenteuer zugleich. Der Einsatz für an Lepra erkrankte und von der Gesellschaft ausgegrenzte Menschen bestimmte ihr gesamtes Leben."

Ruth Katherina Martha Pfau wird 1929 in Leipzig geboren. Ihre Kindheit ist glücklich, wenn auch, wie Gudrun Matschenz sagt, „überschattet von den Ereignissen des Zweiten Weltkriegs." Dann passiert etwas, das das Mädchen in seinem Wunsch bestärkt, Ärztin zu werden: „Ihr kleiner Bruder erkrankte kurz nach Kriegsende schwer und starb, weil es weder unmittelbar Medizin noch ärztliche Hilfe für ihn gab." Das Ereignis ist ausgesprochen hart für die damals noch so junge Ruth. Sie legt ihr Abitur ab und will nun Medizin studieren, das aber bleibt ihr als Verlegertochter verwehrt. Doch Ruth lässt sich nicht von ihren Plänen abbringen: Sie kehrt Leipzig den Rücken und geht in den Westen. In Mainz beginnt sie ihr Medizinstudium, in Marburg schließt sie es mit dem Staatsexamen ab. „Getrieben von der Suche nach einer bestimmenden

Die Leipziger Ärztin Dr. Ruth Pfau rettete Tausenden Leprakranken das Leben. Das Bild zeigt sie im Jahr 2004.

Kraft für ihr Leben, fand sie zum christlichen Glauben", fährt Gudrun Matschenz fort. „1951 ließ sie sich in der evangelischen Studentengemeinde taufen; 1953 konvertierte sie zur römisch-katholischen Kirche und trat 1957 dem weltweit aktiven Frauenorden FCM – Filles du Coeur de Marie – bei." Deren Mitglieder trügen weder Ordenskleidung, noch lebten sie in Klausur, ordnet Gudrun Matschenz ein: „Mitten unter den Menschen üben sie ihre Berufe aus, hauptsächlich in den Bereichen Gesundheit, Soziales und Erziehung."

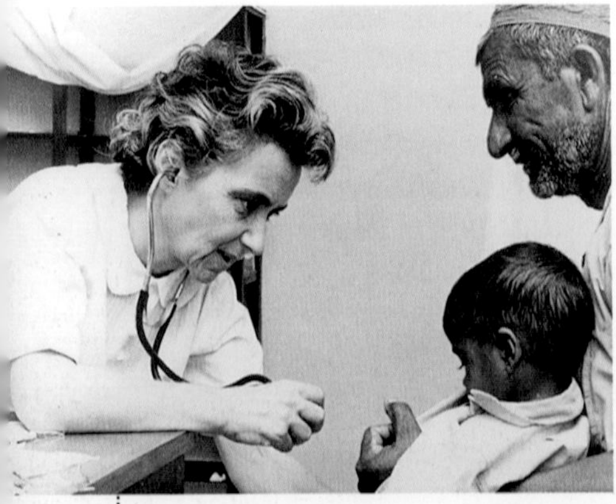

Für Dr. Ruth Pfau war die Versorgung ihrer kleinen Patienten immer ein Herzensanliegen.

Zeitgleich lässt sich Ruth Pfau medizinisch zur Internistin und Gynäkologin weiterbilden – 1960 wird sie von ihrem Orden nach Indien entsandt – wo sie aber nie ankommt: „Eher zufällig landete sie durch einen unfreiwilligen Zwischenstopp im pakistanischen Karachi", sagt die Lehrerin an der Ruth-Pfau-Schule. Dort sieht die Medizinerin zum ersten Mal Leprakranke. „Die menschenunwürdigen Lebensbedingungen der aussätzigen Bettler, in einer stinkenden Kloake dahinvegetierend, nur noch auf den Tod wartend, beeinflussten ihre Lebensplanung. Sie wollte bleiben. Dieses menschliche Elend konnte sie nicht untätig zulassen."

Und sie bleibt. Widmet ihr Leben fortan den Ärmsten der Armen. „Dr. Pfau packte an und behandelte unter primitiven Bedingungen Massen von Patienten und Patientinnen bis zur eigenen Erschöpfung. Sie stellte täglich von früh bis spät Diagnosen, versorgte Wunden, operierte, tröstete, sprach Mut zu. Und sie begann, die medizinische Versorgung dieser Menschen strategisch zu organisieren", erzählt Gudrun Matschenz über das enorme Engagement der Leipziger Ärztin. Ruth Pfau schafft es wirklich, die Lebensbedingungen der Pakistani zu verbessern: Behandelt sie ihre Patienten zunächst noch in einer einfachen

Bretterhütte, kann sie schon bald in ein richtiges Hospital umziehen, in dem es auch Betten gibt. „Dieses Hospital benannte sie nach der Gründerin des Ordens von Sr. Dr. Ruth Pfau, Adélaïde-Marie Champion de Cicé - Marie Adelaide Leprosy-Centre, kurz MALC", fährt die Leipzigerin fort. Nun kann Ruth Pfau nicht mehr nur punktuell, sondern landesweit helfen: Sie weitet ihr Lepra-Programm auf ganz Pakistan aus und baut, bis in unwegsame Bergregionen hinein, ein Behandlungsnetz auf. Die Menschen vor Ort sind ihr unendlich dankbar – nicht nur die Armen: „Die pakistanische Regierung honorierte ihre Kompetenz und ernannte Dr. Ruth Pfau 1980 zur Beraterin des pakistanischen Gesundheitswesens im Range einer Staatssekretärin für das nationale Lepraprogramm." Was Ruth Pfau einst schuf, wirkt bis in die Gegenwart fort: „Das von Dr. Pfau gegründete MALC in Karachi fungiert heute landesweit als eine der größten pakistanischen Non-Profit-Organisationen im Gesundheitsbereich. Es ist ein staatlich anerkanntes Lepra-Referenzhospital und hat seine Kapazität und Kompetenzen kontinuierlich ausgebaut", erklärt Gudrun Matschenz. „Das medizinisch-soziale Zentrum versorgt an Lepra Erkrankte, führt Wundbehandlungen und wiederherstellende Operationen durch, ist in der Tuberkulosebekämpfung, in Programmen zur Verhütung von Erblindung und in zahlreichen Maßnahmen zur Armutsbekämpfung tätig." Unendlich viel tut Ruth Pfau für ihre Patienten getan, mehr als 50.000 Menschen heilt sie, durch ihr engmaschiges Kontrollsystem wird die Zahl der Neuerkrankungen in Pakistan erheblich gesenkt und sogar nach Afghanistan dehnt sie ihr Wirken – im Untergrund – aus. 1991 wird sie für ihr Werk mit dem Damien Dutton Award geehrt, das ist

Gudrun Matschenz überreicht Ruth Pfau einen Blumenstrauß.

die höchste Auszeichnung für das Engagement in der Lepraarbeit. Dank ihrer Arbeit erklärt die WHO Pakistan 1996 zum ersten Land Südasiens, in dem Lepra unter Kontrolle ist. Im gleichen Jahr gründet das Deutsche Aussätzigen Hilfswerk (DAHW) die heute in Würzburg ansässige Ruth-Pfau-Stiftung, die es sich zur Aufgabe macht, die von Ruth Pfau angestoßenen Programme zur Armutsbekämpfung langfristig zu sichern.

Gudrun Matschenz (rechts) begleitet Dr. Ruth Pfau (links) auf einem ihrer Wege durch Karachi.

Bis zum letzten Atemzug setzt sich Ruth Pfau für ihre Schutzbefohlenen ein. „Ein deutsches Rentnerleben konnte sie sich nie vorstellen, das Wort Ruhestand war ihr fremd", sagt Matschenz. „Ihr Wissen, ihre Erfahrung und Urteilskraft waren für ihre Mitarbeiter und Mitarbeiterinnen richtungsweisend." Eine Brückenbauerin sei sie gewesen, zwischen den Kulturen und Religionen.

2008 beginnt Gudrun Matschenz sich dafür einzusetzen, dass in ihrer Heimatstadt Erinnerungsorte für die Medizinerin geschaffen werden: Schon seit 2003 ist sie Berufsschullehrerin für Gesundheit und Soziales. „Die Berufsschulzentren hatten damals nur Nummern, Namensvorschläge waren erbeten. Ich wollte gerne, dass es eine Ruth-Pfau-Schule gibt. Zu dem Zeitpunkt wusste kaum jemand, wer Frau Pfau ist, und nach drei Entscheidungsrunden hat im März 2009 Ruth Pfau gewonnen", freut sie sich. Gemeinsam mit Ruth Pfaus Unterstützern hat die Lehrerin außerdem eine Petition eingereicht, die fordert,

eine Straße nach der Medizinerin zu benennen – was der Stadtrat 2018 auch tatsächlich beschloss.
Ruth Pfau hat die nach ihr benannte Schule noch besucht. „Das war im Oktober 2011 und es gab einen großen Medienauflauf", erinnert sich Gudrun Matschenz. „Als sie hier war, hat sie auch ihr Elternhaus aufgesucht und alle noch lebenden Abiturfreunde eingeladen."

„Der Einsatz für an Lepra erkrankte und von der Gesellschaft ausgegrenzte Menschen bestimmte ihr gesamtes Leben."

Im Februar 2012 macht Gudrun Matschenz mit einigen Kollegen einen Gegenbesuch in Karachi. „Was haben wir in der einen Woche erlebt und was haben wir an Informationen bekommen", schwärmt sie noch heute. „Als Schule stellen wir uns ja immer wieder die Frage: Wie füllen wir diesen Namen mit Leben? Welche Werte vermitteln wir?"

Gudrun Matschenz schließt: „Es ist eine Ehre für Frau Dr. Pfau und deren Vermächtnis zu arbeiten."

Gudrun Pfau stirbt friedlich nach einem Schwächeanfall am 10. August 2017 87-jährig in Karachi. Im Rahmen eines Staatsbegräbnisses wird der „Engel von Karachi" zu Grabe getragen.

Erinnerungsorte:

Ruth Pfau lebte 20 Jahre lang An der Märchenwiese 28.
Das BSZ 9 - Berufliches Schulzentrum für Gesundheit und Soziales der Stadt Leipzig – ist nach ihr benannt.

Gefeierter Star...

... und Goethes heimliche Liebe

Wie ein Rausch. So lässt sich das Leben der Corona Schröter vielleicht beschreiben. Ein einziger, nie endenwollender Rausch, dem nicht nur sie selbst, sondern auch ihr komplettes Umfeld verfällt. Eine gefeierte Schönheit ist sie, Frauen und Männer liegen ihr zu Füßen. Auch Goethe. Die Leipziger Historikerin Doris Mundus hat sich mit Corona Schröter beschäftigt – und auch sie ist dem Zauber der Sängerin von einst, die im Jahr 1764 im Alter von 13 Jahren beim Leipziger „Großen Konzert" fest verpflichtet wurde und damit die erste deutsche Berufssängerin war – erlegen.

Die Familie Schröter kommt 1763 nach Leipzig – Corona ist zwölf Jahre alt – und findet dort sofort Anschluss: Henriette Hiller, die Patentante Coronas, und deren Mann, Johann Adam Hiller (1728-1804), seines Zeichens Dirigent des „Großen Konzerts", heißen die Familie mit offenen Armen willkommen. „Und Hiller nahm auch gleich die Ausbildung der talentierten Schröter-Kinder in die Hand, nachdem zunächst der Vater sie unterrichtet hatte", sagt Doris Mundus und fährt fort: „Die Geschwister Samuel, Corona, Heinrich und Marie sollen sowohl für das Zeichnen als auch für die Musik besondere, ja ungewöhnliche Begabungen gehabt haben."

Hiller setzt bald durch, dass Corona in Konzerten auftreten kann: „Sie war von ihrem ersten Auftritt als Wunderkind vor Leipziger Publikum am 14. Juni 1764 an die gefeierte Primadonna der Leipziger Konzerte", schildert die Historikerin. 1764 wird die 13-jährige Corona Schröter fest verpflichtet – als die „erste an öffentlicher Stätte wirkende deutsche Konzertsängerin von Beruf". Corona Schröter erobert also die Herzen – was

Eine gefeierte Schönheit und Goethes heimliche Liebe: Corona Schröter.

nicht zuletzt auf ihre außergewöhnliche Schönheit zurückzuführen ist. Leipzig liegt ihr zu Füßen – und selbst der Verfasser des Eintrags über sie in der *Allgemeinen Deutschen Biographie*, Hans Michael Schletterer (1824-1893), kann sich mehr als 200 Jahre später kaum halten, als er schreibt: „Ein Strahl der Unvergänglichkeit, welche segenspendende Götter jenen verliehen, umschimmert auch ihr Haupt und von dieser höheren Berührung getragen, wird auch ihr Name von ewiger Glorie umleuchtet." Und: „Besonders musterhaft declamirte sie das Recitativ. Ihre bewundernswürdige Gestalt und edle, hohe Haltung, ihre bewegliche, ausdrucksvolle Physiognomie, gaben diesen Vorträgen einen von ihm nie geahnten und empfundenen Zauber."

Doris Mundus sonnt sich zwar nicht im Glanz der Corona Schröter, aber dafür in der Leipziger Sonne.

Corona ist der unumstrittene Stern am Leipziger Himmel, bis im Jahr 1766 Gertrud Elisabeth Schmeling (1749-1833) auf den Plan tritt, die sich ab 1773 Madame Mara nennen wird. „Sie hatte einen Stimmumfang vom eingestrichenen g bis zum dreigestrichenen e", schildert Doris Mundus das sängerische Talent von Coronas Konkurrentin. Nun teilt sich das Lager der Bewunderer. Die einen schwören nach wie vor auf Corona, die anderen sind von der Schmeling hingerissen. Zum Lager der ersteren gehört der von 1765 bis 1768 in Leipzig studierende, 16 Lenze zählende Johann Wolfgang von Goethe (1749-1832). „Er erlebte sie im Konzert, traf sie bei Oeser, dessen überaus begabte Malschülerin sie war, und spielte im Hause Breitkopf mit ihr gemeinsam Liebhabertheater", zählt die Historikerin auf. Und er widmet ihr zahlreiche Gedichte: Autor Schletterer ist sich sicher: „Selten hat selbst der große Dichter, der so manche holde Frau besang, edlere Gedanken, innigere Worte, herzlicheren Ausdruck gefunden."

Goethe ist nicht ihr einziger Bewunderer. Ganz im Gegenteil! Einen ihrer leidenschaftlichsten Verehrer findet sie in dem jungen Komponisten Johann Friedrich Reichardt (1742-1814), der später Hofkapellmeister Friedrichs II. (1712-1786) werden soll. „Beide traten gemeinsam bei Liebhaberkonzerten im Richter'schen Gartensaal auf; er komponierte für Corona italienische Arien – sie schienen unzertrennlich", sagt Doris Mundus. Doch allzu nah an sich heranlassen will sie ihn nicht, und ebenso wenig will sie ihn erhören: „Reichardts glühende Anträge wies Corona ebenso zurück, wie die aller anderen Verehrer, unter ihnen Christian Gottfried Körner und der 23 Jahre ältere Carl Wilhelm Müller, der spätere hochangesehene Leipziger Bürgermeister", erzählt die Historikerin weiter. Der kann seine unerwiderte Liebe zu Corona nie verwinden; in den 1780er-Jahren lässt er sie von Anton Graff malen und bleibt sein Leben lang unverheiratet.

Corona kann nicht nur gut singen und ist zauberhaft schön, sie besitzt auch Schauspieltalent. Und zwar nicht zu knapp. Das bescheinigt ihr ihre Freundin Friederike Oeser (1748-1829), die an eine Tante schreibt: Sie „würde eine unserer ersten Schauspielerinnen sein, wenn sie sich entschließen könnte, aufs Theater zu gehen." Dieser Meinung ist auch der für Corona in heftiger Liebe entbrannte junge Leipziger Buchhändler Johann Gottfried Dyck (1750-1813), der mit dem Gießener Universitätsprofessor Christian Heinrich Schmidt (1746-1800) 1775 die *Chronologie des deutschen Theaters* herausgibt. Darin hebt Dyck in einer Widmung für Corona deren einzigartiges schauspielerisches Talent, das er im Hause Breitkopf (Breitkopf & Härtel, 1719 als erster Musikverlag der Welt gegründet) bei verschiedenen Liebhaberaufführungen kennenlernen darf, hervor, wie Doris Mundus berichtet.

Schließlich, nach Konzertreisen mit dem Vater und den Brüdern nach Holland und England, kommt sie ja auch wirklich zum Theater, folgt 25-Jährig dem Ruf Goethes nach Weimar. Denn der hat Corona und seine Zuneigung zu ihr mitnichten vergessen. Also reist er im März 1776 nach Leipzig, um sein Herzensmädchen als herzogliche Kammersängerin zu engagieren. Hans Michael Schletterer beschreibt sie als eine – im Gegensatz zu dem zauberhaften Mädchen, vom dem sich Goethe sieben Jahre zuvor einst verabschiedete – „vollentfaltete, mit jedem Reiz geschmückte prangende Centifolie [Rose]. Von hohem junonischem Wuchse und edelstem Ebenmaaß, mit fast südländisch dunkelm, aber außerordentlich frischem Teint, seelenvoll leuchtenden braunen Augen, von seltener Tiefe und wunderbarer Klarheit, dunkelbraunem Haar, eigenthümlichem Adel der Haltung und natürlicher Grazie in jeder Bewegung." Obendrein habe sie „ungemein wohlgebildete Hände" und sei „nicht allein hellenisch schön", sondern „sie war auch eine groß angelegte Natur, eine geistvolle, reich entwickelte, tiefempfindende Künstlerin. Schönheit des Körpers und der Seele einten sich in ihr in seltener Harmonie".

Corona kommt also mit Goethe nach Weimar – und macht Furore. Die ganze Stadt vergöttert sie. An Goethes Seite, der den Orest mimt, gibt sie die Iphigenie. Das Publikum ist aus dem Häuschen, feiert sie frenetisch.

Auch in Weimar liegen ihr die Männer zu Füßen, selbst „der leidenschaftlich-feurige Herzog, der sie zwar marmorschön, aber auch marmorkalt nannte", wie Schletterer schreibt. „Der Einzige, der vielleicht ihre Gegenliebe zu gewinnen vermocht hätte und wohl auch gewonnen hat, war Goethe." Doch in dessen Leben gibt es ja Charlotte von Stein (1742-1827); der junge Dichter ist hin- und hergerissen. „Dennoch darf man wol sagen, daß sich zwischen ihm, dessen Herz von diesem überaus reizenden Wesen tief ergriffen und gewonnen war, und Corona ein inniges, fast leidenschaftliches Liebesverhältniß gestaltete, das bis 1781 fortdauerte", ist Hans Michael Schletterer überzeugt. Dann habe „Frau v. Stein, die ihn mit fortwährender Eifersucht unausstehlich quälte und andererseits stets sinnlich wieder zu reizen und zu fesseln wußte, das entschiedene Uebergewicht über ihre Rivalin" errungen.

Der Historiker und Schriftsteller Adolf Stahr (1805-1876) bedauert das sehr: „Goethe und Corona – [...] Wenn es ein für einander geschaffenes Menschenpaar je gegeben, dies war es. Es gehört zu dem tragischen Geschick in Goethe's Leben, daß er an der Verbindung mit diesem, in jeder Beziehung zu ihm passenden und seiner würdigen, von ihm als Künstlerin und Frau so hoch verehrten und geliebten Wesen durch Einflüsse verhindert und so von der Ausfüllung seiner

Existenz durch eine seiner würdige Ehe und von der Begründung eines sittlichen Familienlebens abgehalten wurde."

Goethe und Corona entzweien sich, Charlotte von Stein hat gewonnen, Corona zieht sich zurück, ohnehin kränkelt sie in letzter Zeit häufig. Sie tritt nicht mehr auf, malt allerdings noch und singt. Verletzt ist sie wohl und tief getroffen, sie, die selbst so viele glühende Herzen abgewiesen hat, muss nun die gleiche Erfahrung machen. Aber auch ihre Konkurrentin, Charlotte von Stein, soll Goethe am Ende nicht bekommen, denn nun taucht Christiane Vulpius (1765-1816) auf – dass Goethe sie dereinst heiraten wird, bekommt Corona nicht mehr mit – ab 1790 soll sie noch eine stille Liebe mit dem Kammerherrn Friedrich Hildebrand von Einsiedel (1750-1828) verbunden haben.

„Die großartige Frau, bewundert von jedem, der sie auf der Bühne sah und hörte, die komponierte, dichtete, malte und zeichnete, starb am 23. August 1802 in Ilmenau."

Sie zieht, ihrem Brustleiden zuliebe, in den Thüringer Wald, aber das reicht nicht, um sie gesunden zu lassen. Doris Mundus erzählt die Geschichte zu Ende: „Die großartige Frau, bewundert von jedem, der sie auf der Bühne sah und hörte, die komponierte, dichtete, malte und zeichnete, starb am 23. August 1802 in Ilmenau, wohin sie sich kränkelnd zurückgezogen hatte, an ‚Auszehrung' also Tuberkulose. „Allein ist sie jedoch nicht: „Wilhelmine – Mine – Probst, die Tochter des Gärtners von Richters Garten und ihre beste und treue Freundin, die mit ihr nach Weimar und Ilmenau gezogen war, begleitete sie bis zu ihrem Tode."

....

Erinnerungsort:

Corona Schröter lebte in Leipzig im Richter'schen Garten, im Hause des Gärtners Probst (heute etwa zwischen Lessing- und Gottschedstraße).

DIE TEPPICHWEBENDE LITERATIN

Mit der Feder in der Hand

Sie reiste durch die ganze Welt, wurde isländische Staatsbürgerin, während der Nelkenrevolution im Jahr 1974 war sie in Portugal, das Lebensende verbrachte sie in Polen. Die Stasi wollte sie als Spitzel, doch Helga Novak setzte sich zur Wehr. Ihr Geld verdiente sie mit Heringsalzen, mit Teppichweben – und mit Schreiben. Damit war sie ausgesprochen erfolgreich, Günter Grass (1927-2016) nannte sie „eine große Prosa-Autorin und bedeutende deutsche Lyrikerin". Die Leipzigerin Rita Jorek hat sie viele Jahre durchs Leben begleitet. Als Freundin, als Vertraute, Herausgeberin, zuletzt als Krankenpflegerin. Und es gibt Parallelen zwischen ihren Biografien, viele Parallelen. Beide sind im selben Jahr und im selben Monat in Berlin geboren. Beide erlebten eine kriegsbedingte Heimatlosigkeit. Beide kamen 1954 zum Studium nach Leipzig und gelangten durch die Kriegserfahrungen zu einer pazifistischen Einstellung. Und wenn Helga Novaks Lebensschiff ins Wanken geriet, war Rita Jorek da, um ihre Freundin zu stützen und aufzufangen.

Was für eine traurige Kindheit! Helgas Mutter Maria Magdalene Schmidt gibt das kleine Mädchen zwei Wochen nach der Geburt zur Adoption frei, es folgen einsame Jahre im Waisenhaus und auch, als das Ehepaar Nowak kommt, um sie Anfang 1940 zu adoptieren und mit ihr nach Erkner bei Berlin zu ziehen, wird es nicht besser: Vor allem von ihrer neuen Mutter fühlt sie sich drangsaliert und nicht verstanden. Helga, das Waisenkind, das nun keins mehr ist, flüchtet in die Natur. „In Kriegs- und Nachkriegszeit erschloss sie sich die märkische Landschaft mit ihren Wäldern und Seen", sagt ihre Freundin

Helga M. Novak reiste durch die ganze Welt – und widersetzte sich der Stasi.

Rita Jorek. Hier, in den Wäldern, denkt die junge Helga Nowak, die sich später Novak nennt, nach. Über die Einsamkeit, über das Verlassensein, über ihre Familie und über die Welt, die eine seltsame ist, eine grausame. All das macht etwas mit ihr. Es bewegt sie, es beschäftigt sie, es verändert sie. Rita Jorek sagt: „In den Wirren der Zeit mit Bombennächten, Kapitulation und Besetzung durch die Rote Armee entwickelten sich ihr scharfer Sinn für die Probleme der Menschen und ihr Widerspruchsgeist.“ 1950 verlässt sie ihre Adoptiveltern und besucht fortan ein Internat. Immer klarer wird, dass das Schreiben ihr Metier ist, das, was sie kann, das, was sie tun will. 1954 nimmt sie an der Uni Leipzig ihr Studium der Journalistik, der Philosophie sowie der Literatur-, Kunst- und Theaterwissenschaft auf, lernt dort sowohl Rita Jorek als auch den Isländer Eystjenn Thorvaldsson kennen – und schon steht ihr die Stasi auf den Füßen. „Im letzten Semester wurde sie von der Staatssicherheit bedrängt, isländische Studenten zu bespitzeln, darunter ihren Freund Eystjenn“, sagt Jorek. Helga will jedoch keine Verräterin sein und flieht mit Eystjenn Thorvaldsson 1957 nach Reykjavik. Doch schon wenige Monate später kehrt sie nach Ostberlin zurück – aus Heimweh und wegen der Kälte auf Island. „Nun arbeitete sie im Werk für Fernsehelektronik am Band und im Labor und brachte ihren Sohn Ragnar Alexander zur Welt“, erzählt Rita Jorek weiter. In Thorvaldssons Auftrag kümmert sich dessen in Berlin studierender Freund Thor Vigfusson um Helga und das Kind, die beiden verlieben sich und heiraten 1961. Da Helga trotz aller Bemühungen nicht weiter studieren darf, zieht sie eine Woche nach dem Bau der Mauer mit ihrem Mann erneut nach Island, wo ihre Tochter Nina zur Welt kommt.

„In den Wirren der Zeit mit Bombennächten, Kapitulation und Besetzung durch die Rote Armee entwickelte sich ihr scharfer Sinn für die Probleme der Menschen und ihr Widerspruchsgeist.“

Vier Jahre später wagt sie es dann doch, in die DDR zurückzukehren, ihr erstes Buch *Die Ballade von der reisenden Anna* wurde gerade vom Luchterhand Verlag herausgegeben und sie ist als Dichterin unter dem Namen Helga M. Novak etabliert. „Etliche dieser Gedichte wandten sich heftig gegen die in der DDR herrschenden Zustände, Dogmen und Anschauungen, trotzdem wurde sie am Leipziger Literaturinstitut Johannes R. Becher immatrikuliert", erzählt Rita Jorek. „Georg Maurer protegierte sie, Sarah und Rainer Kirsch, Andreas Reimann, Heinz Czechowski, Werner Bräunig und Hubert Witt wurden ihre Freunde. In Berlin lernte sie Robert Havemann und Wolf Biermann kennen."

Und nach wie vor hat die Stasi sie im Blick. Helga Novaks Freigeist passt den Genossen ganz und gar nicht – ebensowenig der Inhalt dessen, was die Autorin schreibt. Im Dezember 1965 wird sie wegen ihrer kritischen Auffassungen exmatrikuliert und am 17. März 1966 aus der DDR ausgewiesen. „Das war mit der Aberkennung der DDR-Staatsbürgerschaft verbunden. Da sie einen Isländer geheiratet hatte, konnte sie die seine annehmen. Nach isländischem Recht hieß sie nun Maria Karlsdottir", sagt Rita Jorek.

Von Helga M. Novak erscheinen Bände mit Gedichten, Balladen und Erzählungen, viele Hörspiele von ihr werden gesendet. Erfolg haben auch ihre autobiographischen Romane *Die Eisheiligen*, 1979, und *Vogel Federlos*, 1982, vervollständigt 2013 durch *Im Schwanenhals.* Sie arbeitet als Journalistin für Zeitschriften und Rundfunk und wird für ihr Werk mit zahlreichen Literaturpreisen ausgezeichnet. In aller Welt werden ihre Texte und Bücher gelesen: „Es gibt Übersetzungen ins Englische, Französische, Isländische, Italienische, Norwegische, Polnische, Russische. Ihre eigene Poetologie verdichtet sich durch die Kenntnis der isländischen Sagenwelt, von Land und Leuten", erzählt ihre Freundin weiter.

> ***„Das war mit der Aberkennung der DDR-Staatsbürgerschaft verbunden. Da sie einen Isländer geheiratet hatte, konnte sie die seine annehmen."***

Helga – oder Maria, wie sie als „Isländerin" heißt – lebt von ihren Tantiemen und von Gelegenheitsjobs: Heringsalzen, Arbeit auf einem Fischfangschiff, Teppichweben. „1968 trennte sie sich von ihrem Mann und zog nach Frankfurt am Main, wo sie mit dem Schriftsteller Horst Karasek zusammenwohnte. Ihr Sohn besuchte eine deutsche Waldorfschule, ihre Tochter blieb beim Vater in Island", erzählt Rita Jorek weiter. Viel kommt sie herum in jenen Jahren: Sie reist nach China, in die USA, nach Brasilien, in die Türkei, nach Marokko, nach Norwegen und Schweden, nach Frankreich und Spanien, nach Griechenland,

Italien und in die Tschechoslowakei. „In Jugoslawien auf der Insel Korčula hatte sie ein Sommerdomizil. Der Krieg vertrieb sie, und Novak baute sich im Wald von Legbąd in Polen ein Haus. Früh schon hatte sie sich in der Solidarnosc-Bewegung engagiert und geholfen, wo es ihr möglich war", sagt Rita Jorek und die Germanistin Marion Brandt schrieb einmal über Helga Novak: „Immer wieder zog es sie dorthin, wo Geschichte in Bewegung geriet, wo die Freiheit in der Luft lag."

Auch nach Leipzig und zu ihrer Freundin kommt sie seit den 1990er-Jahren immer wieder. Und Rita Jorek besucht sie ihrerseits mehrmals in Polen, wo sie sich ein Haus in der Tucheler Heide gebaut hatte, ordnet ihre Gedichte und gibt sie gesammelt in zwei Bänden heraus. Schließlich und endlich kehrt Helga nach Erkner bei Berlin zurück, wo ihr Leben einst begann. Zwei Jahre pflegte Rita Jorek die Schwerkranke, und vollendete ihr letztes Buch *Im Schwanenhals*, bevor die Dichterin am 24. Dezember 2013 in ihren Armen starb.

Erinnerungsorte:

Helga Novak lebte in Leipzig in der Tieckstraße 3-5 (Internat der Fakultät für Journalistik), in der Tschaikowskistraße 16, hin und wieder bei Rita Jorek in Markkleeberg, Leninstraße 65 (heute Ring 65) und Ring 69.

Bei dieser Abbildung handelt es sich vermutlich um das Ehepaar Johannes und Anna Magdalena Bach.

Sängerin und Familienmensch

Das berühmte Notenbüchlein

Manche Menschen lernen sich an Geburtstagen kennen, besonders an runden. Zum 300. Geburtstag nähere Bekanntschaft zu machen, ist dann aber doch ungewöhnlich. Maria Hübner ist es mit Anna Magdalena Bach jedoch genau so gegangen, auch, wenn die Jubilarin freilich längst das Zeitliche gesegnet hatte. Die Aufgabe der damaligen wissenschaftlichen Mitarbeiterin beim Bach-Archiv war es nämlich, eine Ausstellung zu diesem denkwürdigen Jubiläum vorzubereiten. Dabei stellte sie fest, dass sachkundige Informationen über die zweite Ehefrau Johann Sebastian Bachs (1685-1750) sehr verstreut und oft schwer zu finden sind. Deshalb veröffentlichte Hübner – sozusagen als nachträgliches Geburtstagsgeschenk – ein Buch, das erstmals eine Zusammenfassung aller bis dahin bekannten Dokumente sowie eigene Forschungsergebnisse über die „Bachin“ enthält.

Anna Magdalena ist das jüngste Kind einer Musikerfamilie, die 1717/18 von Zeitz nach Weißenfels zieht, wo das Mädchen Gesangsunterricht nimmt. Eine gute Investition, wie sich zeigen wird: Mit knapp 20 Jahren erhält sie ihr erstes Engagement am Hof des Fürsten Leopold von Anhalt-Köthen (1694-1728). Hier zählt sie bald zu den bestbezahltesten Mitgliedern der Hofkapelle. Hofkapellmeister ist niemand Geringerer als Johann Sebastian Bach, der ihr die Anstellung vielleicht sogar vermittelt hat. Wenig später, im Dezember 1721, heiraten die beiden. „Die vier Kinder aus Bachs erster Ehe – drei weitere waren bereits gestorben – brauchten zwar eine Ersatzmutter, für eine Vernunftehe gibt es jedoch keine Anzeichen, im Gegenteil: Allein schon die musikalischen Gemeinsamkeiten waren eine gute Basis für ihre Beziehung“, sagt Maria Hübner und fährt fort: „Anna Magdalena lebte 29 Jahre zusammen mit Bach und bewältigte im Spannungsfeld zwischen ihren Tätigkeiten als Musikerin und Verpflichtungen als Ehefrau, Mutter und der Organisation eines gastfreundlichen Haushaltes zahlreiche Herausforderungen. Ihre Persönlichkeit ist für uns heute auch deshalb so interessant, weil sie als Frau einerseits im Kontext ihrer Zeit lebte, andererseits Erfahrungen als professionelle und anerkannte Künstlerin hatte.“

„Anna Magdalena lebte 29 Jahre zusammen mit Bach und bewältigte im Spannungsfeld zwischen ihren Tätigkeiten als Musikerin und Verpflichtungen als Ehefrau, Mutter und der Organisation eines gastfreundlichen Haushaltes zahlreiche Herausforderungen.“

Bei der Hausarbeit hilft zwar eine Magd und sicher auch Bachs Schwägerin, die Schwester seiner verstorbenen ersten Frau, die viele Jahre mit im Haushalt lebt, dennoch muss Anna Magdalena nun ihre Kunst mit den Familienaufgaben in Einklang bringen. Ihr erstes Kind wird im Frühjahr 1723 noch in Köthen geboren, im Mai zieht die Familie nach Leipzig.

Bach ist nun Thomaskantor und für den Thomanerchor, die Kirchenmusik sowie teilweise für die städtische und die Universitätsmusik verantwortlich. Sein Aufgabengebiet hat sich damit wesentlich erweitert – für die Familie wird er noch weniger Zeit haben als zuvor. Doch Anna Magdalenas Karriere ist nun – mit gerade 21 Jahren – schon wieder beendet, denn Frauen als Solistinnen in der Kirche sind nicht üblich. „Und dann vergrößerte sich die Familie weiter", sagt Maria Hübner. „Anna Magdalena brachte 13 Kinder zur Welt. Von den insgesamt 20 Bach-Kindern aus erster und zweiter Ehe ist jedoch nur die Hälfte erwachsen geworden. Tod und Geburt waren häufige Ereignisse im Hause Bach." Der neue Lebensmittelpunkt für die kommenden 27 Jahre ist die Thomasschule nahe der Thomaskirche, zuerst ein älteres Gebäude, das 1732 erneuert und erweitert wird. Damit verbessern sich endlich die Lebensbedingungen der zahlreichen Bewohner. Denn in der Schule wird nicht nur Unterricht erteilt, hier leben auch die Thomaner, die Familien des Schulrektors und des Kantors. Wie in einem „Taubenhause" sei es in der elterlichen Wohnung zugegangen, erinnert sich später ein Bach-Sohn. Hier gehen Thomaner, Schüler, Musikerkollegen und Gäste ein und aus, zeitweise wohnen dort auch Privatschüler und Verwandte.

Das Deckblatt zu dem Notenbüchlein von Anna Magdalena Bach.

Privatleben und Thomaskantorei – die Übergänge sind fließend. Kaum auszudenken, wie Anna Magdalena ihren Tagesablauf bewältigt. Die schon lange zum Haushalt gehörende Schwägerin stirbt 1729, nun steht als Hilfe nur noch die Magd und die älteste, unverheiratete Tochter aus Bachs erster Ehe zur Verfügung – sie ist gerade sieben Jahre jünger als ihre Stiefmutter. Dennoch gehört die Musik weiterhin zu

Anna Magdalenas Alltag, wenn auch nicht mehr als Berufssängerin: Sie beteiligt sich an der Herstellung des Aufführungsmaterials. „Johann Sebastian komponierte in den ersten Leipziger Jahren fast jede Woche eine neue Kantate, die sonntags in den Kirchen aufgeführt wurde. War die Partitur fertiggestellt, mussten noch die Stimmen ausgeschrieben werden. Meistens führten ältere Schüler diese Aufgabe aus, aber oft reichte die Zeit nicht und dann übernahm Anna Magdalena", erzählt Hübner.

Maria Hübner hat sich intensiv mit der „Bachin" beschäftigt und auch ein umfassendes Werk dazu geschrieben.

Eine wichtige Rolle spielt im Hause Bach auch die Hausmusik, wovon die beiden Notenbüchlein der Anna Magdalena Bach (1722, 1725) zeugen. Enthalten sind Gesangs- und Cembalostücke mit unterschiedlichem Schweregrad, komponiert von Johann Sebastian, anderen Autoren oder den Kindern. Die meisten Stücke sind von Anna Magdalena selbst eingetragen. Sie nutzt das Notenbüchlein für eigenes Musizieren, aber auch für den Unterricht ihrer Kinder. Als Sängerin kann sie in ihrer Leipziger Zeit wenigstens noch einige Male bei Konzertreisen zusammen mit ihrem Ehemann auftreten, so mehrmals in Köthen, wahrscheinlich auch in Gera.

Ungeachtet ihrer vielen Aufgaben gönnt sich Anna Magdalena einige Steckenpferde. Sie sei „eine große Liebhaberin von der Gärtnerey", bemerkt 1738 ihr Verwandter Johann Elias Bach (1705-1755), der zeitweise mit im Hause lebt. Zwar haben die Bachs keinen Garten, aber die gerade neu gezüchteten und äußerst begehrten gelben Nelken werden in Töpfen gezogen: Diese aus-gesprochen schwer erhältliche Rarität hatte Anna Magdalena unbedingt haben wollen: Sie erinnerte Johann Elias immer wieder an sein Versprechen, die Pflanzen zu besorgen. Als es ihm zwei Jahre später endlich gelang, ihren Wunsch zu erfüllen, bemerkte er dazu etwas spöttisch, sie freue „sich schon im voraus auf die gelben Nelcken, wie ein kleines Kind auf den heil. Christ" (Weihnachten) und sie pflege die Pflanzen „wie man kleine Kinder zu warten pfleget, damit ja keines davon eingehen möge." Ein anderes Mal äußert Anna Magdalena Interesse an einem Singvogel – ob sie ihn erhält, ist aber ungewiss. Von den vielen Kontakten der Bach-Familie ist Anna Magdalena einer besonders wichtig: Im Nachbarhaus (jetzt Thomaskirchhof 16, Bach-Archiv) wohnt ihre „Herzens Freündin" Christiana Sybilla Bose (1711-1749), die Tochter eines Gold- und Silberwarenhändlers. Durch eine Buchwidmung ist diese Freundschaft auch für spätere Zeiten dokumentiert. Sowohl Christiana Sybilla als auch einige ihrer Schwestern übernehmen Patenschaften bei Kindern Anna Magdalenas.

So musikalisch die Familie auch ist: Der Bildungsweg der Töchter ist nicht vergleichbar mit dem der Söhne. „Die Mädchen erhielten zwar Schul- und Musikunterricht beim Hauslehrer, eine weitere Ausbildung war aber nicht vorgesehen, was in dieser Zeit abgesehen von ganz wenigen Ausnahmen üblich war. Dass einst Anna Magdalena eine professionelle Gesangsausbildung erhielt, hing mit der besonderen Situation an den Fürstenhöfen zusammen, wo Frauen eher eine Chance auf eine Ausbildung und Auftritte als Sängerin hatten", sagt die Autorin.

„Dass einst Anna Magdalena eine professionelle Gesangsausbildung erhielt, hing mit der besonderen Situation an den Fürstenhöfen zusammen, wo Frauen eher eine Chance auf eine Ausbildung und Auftritte als Sängerin hatten."

Von den vier Bach-Töchtern heiratet nur Elisabeth Juliana Friederica (1726-1781) und zwar einen der Lieblingsschüler ihres Vaters, Johann Christoph Altnickol (1719-1759). Bis zu dessen Tod leben sie in Naumburg.

Als Johann Sebastian Bach im Sommer 1750 stirbt, kommen viele Veränderungen auf die Familie zu: In einem halben Jahr muss die Dienstwohnung geräumt werden. Ein Testament hat Bach nicht gemacht, so erbt seine Frau ein Drittel der Hinterlassenschaft, zwei

Drittel gehen an die Kinder. Und die Familie zerstreut sich: Ältere Geschwister nehmen jüngere auf, nur die beiden jüngsten Töchter und der behinderte Sohn Gottfried Heinrich (1724-1763) bleiben bei der Mutter. Zusammen wohnen sie nun am Neukirchhof, wenige Minuten von der Thomasschule entfernt. Natürlich verschlechtert sich die finanzielle Lage erheblich. „Allerdings erhielt Anna Magdalena Unterstützung aus privaten Legaten, von der Universität und zumindest zeitweise eine nicht unbedeutende Zahlung in Höhe eines Talers in der Woche von der Stadt", bemerkt Hübner. Doch als 1756 der Siebenjährige Krieg ausbricht, bekommen die auf freiwillige Unterstützungen angewiesenen Witwen dies deutlich zu spüren. Die Zahlungen werden gekürzt oder ganz eingestellt.

Da ist das Ende der Anna Magdalena Bach aber auch schon nah: Am 27. Februar 1760 verklingt ihr letzter Lebenston.

....

Erinnerungsorte:

Anna Magdalena Bach lebte in der Thomasschule auf dem Thomaskirchhof. Als das Gebäude 1731/32 umgebaut wurde, wohnte sie für ein knappes Jahr in der Hainstraße. Nach dem Tod ihres Mannes zog sie in eine Wohnung am Neukirchhof (später Matthäikirchhof 27). Gestorben ist sie in der Hainstraße, möglicherweise im Hause einer befreundeten Familie. Eine Gedenktafel für Anna Magdalena Bach befindet sich seit 2001 am Thomashaus, Thomaskirchhof 18, dem ehemaligen Standort der Thomasschule. 2004 wurde eine Bank aufgestellt, die in der Eingangshalle zum Bach-Museum, Thomaskirchhof 15/16 steht. Seit 2014 ist die Anna-Magdalena-Bach-Schule nach ihr benannt.

Ernestine Christine Reiske dachte, handelte und lebte als Frau des 18. Jahrhunderts ungewöhnlich selbstbestimmt und selbstbewusst.

Wissensdurstige Näherin

Eine Frau geht ihren Weg

Sie ist hübsch, sie ist jung, sie ist fröhlich, gebildet und von vorbildlichem Benehmen. Kurzum: Ernestine Christine Müller gilt im 18. Jahrhundert als Traumfrau – da stört es auch nicht, dass sie aus einem armen Elternhaus kommt und keine Mitgift mitbringt. Schon in jungen Jahren erhält sie einen Heiratsantrag nach dem anderen. Doch Ernestine Müller denkt gar nicht daran, einen ihrer Bewunderer zu erhören: „Sie wollte ihre Selbstständigkeit nicht aufgeben und ihre Mutter nicht unversorgt zurücklassen. Sie dachte, handelte und lebte als Frau des 18. Jahrhunderts ungewöhnlich selbstbestimmt und selbstbewusst", sagt Gerlinde Kämmerer, die sich ausführlich mit der Biografie dieser Frau befasst hat.

Als sie aber doch irgendwann heiratet, wird sie eine gute Ehefrau. Zumindest bezeugt ihr der Historiker und Staatsrechtler August Ludwig Schlözer (1735-1809) im Jahr 1796 „meine aufrichtige Hochachtung nicht nur für ihre Gelehrsamkeit, die ihrem Geschlecht, unsrer deutschen Nation, und unserm ganzen Jahrhunderte, eine bleibende Ehre macht, sondern auch für den Eifer, mit dem sie ihren Mann vertheidigt hat." Heimlich liebt sie aber viele Jahre einen anderen – und der ist ein berühmter Dichter.

Gerlinde Kämmerer steht vor der alten Nikolaischule.

Doch der Reihe nach: Ernestine Christine ist, als sie im Jahr 1735 geboren wird, das Nesthäkchen, das jüngste von zehn Kindern des Probstes und Superintendenten in Kemberg, August Müller (1679-1749) und der Eleonore Christine geborene von Nitzsch (1697-1780). Ihr älterer Bruder Gottlieb, der nach dem Tod des Vaters 1749 auch ihr Vormund wird, bringt ihr die Geistes- und Naturwissenschaften näher, außerdem Religion und Philosophie, Geschichte und Kirchengeschichte, Geographie, Naturkunde, Mathematik und Musik. Und die Mutter unterweist ihre Jüngste darin, wie man einen Haushalt führt. „Nach dem Tod des Vaters 1749 konnten die Mutter und die 14-jährige Ernestine zunächst im Pfarrhaus wohnen bleiben, da Gottlieb die Stelle des Propstes übernahm. Nach seiner Heirat zogen die Mutter und Ernestine 1756 in eine Mietwohnung und verdienten sich mit Näharbeiten für den gehobenen Bedarf selbstständig ihren Lebensunterhalt", erzählt Gerlinde Kämmerer.

In all jenen Jahren wird Ernestine von heiratswilligen Burschen umschwärmt – „ja“ sagt sie zu keinem, das hebt sie sich für Leipzig auf – und auch damit lässt sie sich Zeit. Hier lernt sie, als sie ihren Bruder 1755 zu seiner Aufnahme in Gottscheds „Gesellschaft der freyen Künset und Wissenschaften“ begleiten darf, den außerordentlichen Professor für Arabisch an der Leipziger Universität Johann Jacob Reiske (1716-1774) kennen. Die beiden schreiben sich – aber dann macht Reiske Ernestine einen Heiratsantrag. Grund genug für die selbstbewusste Frau, ihm nicht mehr auf seine Briefe zu antworten. „Doch während des Siebenjährigen Kriegs verschlechterte sich ihre wirtschaftliche Lage. Die Mode hatte gewechselt; ihre genähten Manschetten und Volants waren nicht mehr gefragt“, schildert Gerlinde Kämmerer. Also entscheidet sich Ernestine im Jahr 1764 schließlich und endlich doch, den fast 20 Jahre älteren Johann Jacob Reiske zu heiraten. Der hatte die Korrespondenz wieder aufgenommen und seinen Antrag erneuert. Und eine schlechte Partie ist er nicht: „Als Rektor der Leipziger Nikolaischule hatte Reiske inzwischen seit 1758 ein festes Einkommen. Ernestine bewunderte ihn als Gelehrten und sah ihn als väterlichen Freund“, schildert Gerlinde Kämmerer. „Die Ehe blieb kinderlos. 1769 nahm das Ehepaar Reiske Ernestines 13-jährigen Neffen, dessen Mutter verstorben war, in den Haushalt auf und adoptierte ihn. Er starb 1775 als 19-Jähriger.“

„Sie dachte, handelte und lebte als Frau des 18. Jahrhunderts ungewöhnlich selbstbestimmt und selbstbewusst.“

Ihren Hunger nach Bildung kann die wissensdurstige Ernestine an der Seite ihres Gatten stillen: „Ernestine wurde die ‚Gehilfin‘ ihres Mannes. Sie erlernte bei ihm in einem Jahr Griechisch, Latein, Französisch und Englisch. So geschult machte sie Abschriften, fertigte selbstständig Übersetzungen und half ihm bei der Vorbereitung seiner Manuskripte für den Druck.“ Und sie unterstützt ihn nicht nur mit ihrer geistigen Arbeit, sondern auch wirtschaftlich – obwohl sie bei ihm einst auch und vor allem die finanzielle Sicherheit gesucht hatte, verkauft sie ihren Schmuck, um ihm die Herausgabe der griechischen Redner in seiner Übersetzung zu ermöglichen, worauf ihr Reiske im Vorwort ausdrücklich für ihre Mitwirkung dankt!

Allein: Die beiden führen ein zurückgezogenes Leben: „Wegen häufiger Erkrankungen Reiskes und aus Sparsamkeit nahm das Paar kaum am gesellschaftlichen Leben Leipzigs teil", sagt die Kulturhistorikerin. Ein wenig enttäuscht ist Ernestine schon, ihr Leben als Rektorenfrau hat sie sich glanzvoller vorgestellt. Und dann kommt der Glanz tatsächlich in ihr Leben: Als sie mit ihrem Mann 1771 zur Herzog-August-Bibliothek nach Wolfenbüttel reist, wo er die orientalischen Manuskripte ordnen soll, lernt sie den dortigen Bibliothekar Gotthold Ephraim Lessing (1729-1781) kennen – und verliebt sich bis über beide Ohren in ihn. Allein: Er aber scheint vor allem die Gelehrsamkeit der Frau zu bewundern, zumindest lobt er diese in seinen Briefen. Ernestine bleibt treu an der Seite Reiskes, ihr Herz verzehrt sich aber nach dem anderen.

„Wegen häufiger Erkrankungen Reiskes und aus Sparsamkeit nahm das Paar kaum am gesellschaftlichen Leben Leipzigs teil."

„Nach dem Tod ihres Mannes im Jahr 1774 erhält sie zu ihrem Unterhalt aus einer vom sonst sehr sparsamen Reiske selbst initiierten Witwenkasse jährlich 250 Taler und lebt mit ihrer Mutter bis zu deren Tod 1780 in einem Haus am Neumarkt. Sie ordnet die Bibliothek ihres verstorbenen Mannes und korrespondiert mit vielen Gelehrten", erzählt Gerlinde Kämmerer weiter. „Sie führte die von ihrem Mann begonnenen Editionsvorhaben weiter und bereitete neue Ausgaben aus seinem Nachlass für den Druck vor. Bald war sie auch im Verlagsbuchhandel Expertin und konnte durch genaue Buchführung und kluges Handeln als Geschäftsfrau ansehnliche Einnahmen aus Reiskes Erbe erzielen." Neben ihren eigenen Übersetzungen gibt sie 1783 Dr. Johann *Reiskens von ihm selbst aufgesetzte Lebensbeschreibung* heraus."

Und auch das ist ein Stück Freiheit, das sie nun hat: „Zu seinen Lebzeiten hatte Reiske die Bitte seiner Frau, ihn bei der Geschäftsführung unterstützen zu dürfen, aus traditionell männlichem Vorurteil stets abgelehnt", erläutert Kämmerer.

Nun aber ist sie frei, frei auch für Lessing. Ob er sie wohl heiraten wird, jetzt, wo sie nicht mehr gebunden ist? Ernestine hofft – und wird enttäuscht: „Er hat ihre Liebe nicht erwidert", sagt die Expertin. „Erst nachträglich erfuhr sie von seiner Heirat mit einer anderen Witwe, seiner heimlichen Verlobten Eva König. Ernestine Reiske hat schwere Depressionen, die zu einer Lebenskrise führen", so Kämmerer. Das wird erst besser, als sie den 20 Jahre jüngeren Studenten Christoph Moritz von Egidy kennenlernt: „Sie pachtete ein Klostergut im Braunschweigischen, wo beide bis 1791 lebten", erzählt Kämmerer die Geschichte zu Ende. Dort entwickelt Ernestine Reiske sehr erfolgreich neue Interessen: „Sie beschäftigte sich mit Landwirtschaft und Seidenraupenzucht, ohne ihre Buchhandelsinteressen und Korrespondenz zu vernachlässigen und setzte von Egidy zum Erben ihres durch eigene Geschäftstüchtigkeit erworbenen Vermögens ein." Als sich dieser in eine junge Frau verliebt, lässt sie ihn gehen. Sie weiß ja, wie das ist – an jemanden gebunden zu sein und einen anderen zu lieben…

„Sie pachtete ein Klostergut im Braunschweigischen, wo beide bis 1791 lebten."

Erinnerungsorte:

Ernestine Christine Reiske lebte von 1764 bis 1774 in der Nikolaischule am Nikolaikirchhof und anschließend am Neuen Neumarkt.

APPOLLONIA

Die Finanzen im Blick

Von einer armen reichen Frau

Zwei Mal hat sie reich geheiratet, sie hat testamentarisch die Reformation befördert – bevor selbige in Sachsen eingeführt wurde – und dem Kurfürsten ganz nebenbei noch den Finanzhaushalt in Ordnung gebracht: „Apollonia von Wiedebach war wirklich eine beeindruckende Frau", sagt Gästeführerin Sylvia Kolbe. Viel hat sie sich mit den Frauenbiografien beschäftigt, aber diese bedeutende Leipziger Stifterin berührt sie ganz besonders. Nicht zuletzt deshalb, weil sie zeigt, dass Geld allein die Menschen noch nie glücklich gemacht hat. „Apollonia von Wiedebach erfuhr auch viel Leid, das prägt ein Leben."

Dabei steht selbiges eigentlich unter einem guten Stern: Apollonia wird, wie man heute sagen würde, mit dem silbernen Löffel im Mund geboren: Ihr Vater Stefan Alnpeck (1420-1489) ist Kaufmann, Ratsherr und Bürgermeister der Stadt Freiberg im Erzgebirge, durch Silberbergbau kommt er zu Reichtum. „Die Alnpecks waren ungemein einflussreich", unterstreicht Sylvia Kolbe, „sie gehörten zu den bedeutendsten Familien Sachsens."

Von ähnlichem Einfluss und Bedeutung ist der Kaufmann Jakob von Blasbalg (1438-1490), der neun Jahre vor seinem Tod als zweitreichster Bürger der Stadt Leipzig gilt. 1484 heiratet er, nach dem Tod seiner Frau, zum zweiten Mal: Apollonia Alnpeck.

Nicht nur wegen seines Geldes hat der mächtige Mann viel Einfluss: Bis zum Jahr der Eheschließung mit Apollonia ist er Leipziger Ratsherr, dann bis zu seinem Tod kurfürstlich-sächsischer Rentmeister. Apollonia schenkt ihrem Mann drei Söhne, die aber nicht lange etwas von ihrem Vater haben, da er schon sechs Jahre nach der Hochzeit stirbt. Ebenjener Tod

Die erste Finanzchefin Sachsens: Apollonia von Wiedebach.

ihres Gatten bewirkt, dass Apollonia zur Finanzchefin Sachsens aufsteigt: 1487 hatte Herzog Albrecht von Sachsen (1443-1500) Jakob von Blasbalg schon die Leitung seiner Finanzgeschäfte übertragen. Nach dessen Tod tritt zwar zunächst der Schneebergische Zehntschreiber Caspar von Sals in Amt und Würden, dieser legt sein Amt jedoch ruckzuck wieder nieder – und erneut steht Albrecht von Sachsen ohne Finanzchef da. Nun betraut er Witwe Apollonia damit, seine Finanzgeschäfte zu leiten. „Sie war damit die erste Frau in Sachsen, die eine solche Position innehatte. Ich finde das wirklich beeindruckend“, kommentiert Sylvia Kolbe.

Sylvia Kolbe kennt die Geschichte hinter diesem Epitaph.

Gerlinde Kämmerer unterstreicht das in einem sehr lesenswerten Aufsatz über Apollonia: „Jakob Blasbalg hatte zwar eine praktische übersichtliche Buchführung für die herzogliche Zentralkasse hinterlassen, die von Apollonia fortgeführt werden konnte. Es wird auch vermutet, dass Apollonia durch Schreiber und durch ihren Stiefsohn Hans aus Blasbergs erster Ehe unterstützt wurde. Aber sie muss in der Lage gewesen sein, die ihr vorgelegten Abrechnungen zu kontrollieren und neue Anweisungen zu geben. Sie allein war in diesem halben Jahr namentlich verantwortlich und mit ihrem Besitz haftbar, bis Ostern 1491 der herzogliche Amtmann Georg von Wiedebach die Geschäfte übernahm.“ Mit ihm geht sie zum zweiten Mal den Bund der Ehe ein. Er bringt, ebenso wie ihr verstorbener Mann, ein enormes Vermögen mit.

Diese Geschichte erzählt Sylvia Kolbe mit Blick auf das Epitaph der Apollonia und ihres zweiten Gatten, das in der Thomaskirche hängt. Hier wird Georg von Wiedebach im Jahr 1524 bestattet. Zum wiederholten Mal hat ihr der Tod den Mann genommen. Doch das war nicht der einzige Schmerz, den Apollonia zu ertragen hatte: Sie muss auch ihre drei Söhne beerdigen. Die Frau, die so viel Geld hat und die erste Finanzchefin Sachsens gewesen ist, muss ihre fünf liebsten Menschen zu Grabe tragen.

Sylvia Kolbe merkt an: „Als Apollonia 1526 starb, war sie die vermutlich reichste Frau Sachsens. Für Stiftungen hinterließ sie 30.855 Gulden, das entspräche heute umgerechnet einem Wert von über drei Millionen Euro. Der veränderten Kaufkraft entsprechend wären das sogar rund 13 Millionen Euro." Und noch etwas beeindruckt die Leipzigerin an der Apollonia: „Die Wiedebachsche Stiftung für die Armen gab es noch bis Anfang des 20. Jahrhunderts. Aus den Zinsen – so nachzulesen in der *Leipziger Zeitung* von 1903 – verteilte das Armenamt der Stadt Leipzig unter anderem jährlich zwei Heiratsstipendien, um mittellose Jungfrauen auszustatten, ihnen das Heiraten zu ermöglichen und sie auf diese Weise zu versorgen – eine Unterstützung für arme Frauen seit 1526."

„Sie war damit die erste Frau in Sachsen, die eine solche Position innehatte. Ich finde das wirklich beeindruckend."

Apollonia vermacht ihr Vermögen also einem guten Zweck – und setzt damit nochmals ein Zeichen: Sie bedenkt nicht nur Hospitäler, Klöster und Arme mit ihrem Erbe und stiftet für den Straßenbau, nein, sie spendet 100 Gulden jährlich „für einen redlichen Prediger, der aufs wenigste Magister sei, zu Sankt Thomas in die Pfarrkirche oder, ob es allda nicht sein kann, zu Sankt Niclas." Gerlinde Kämmerer urteilt in ihrem Aufsatz: „Die Bestimmung war ungewöhnlich, weil sie in die Rechte des Thomasklosters eingriff und dem Rat der Stadt Macht in religiösen Fragen einräumte." Und sie fährt fort: „Weitblickend war auch Apollonias Festlegung, dass die mit Zinsen bedachten Leipziger Klöster nur, ‚allso lange sie ein geistlich christlich Leben und Reformation halten', das Geld erhalten sollten." Sylvia Kolbe erklärt: „Damit setzte sich die Witwe Wiedebach klar für die Reformation ein." Ihr Vermächtnis sorgt allerdings für jede Menge Diskussionen: Denn gleich nach ihrem Ableben schaltet sich der Probst der Thomaskirche ein und beklagt sich beim Herzog über den Inhalt des Testaments. Gerlinde Kämmerer schreibt: „Die Bestimmung über die Einsetzung eines reformatorischen Predigers aus dem Testament der Apollonia von Wiedebach beschäftigte den Rat der Stadt noch über Jahre. Erst nach dem Tod Herzog Georgs 1539 führte sein Nachfolger Heinrich der Fromme die Reformation in Sachsen ein.“

Immerhin: Apollonia hatte mit allen Mitteln versucht, die Reformation zu befördern – ungewöhnlich für diese frühe Zeit des 16. Jahrhunderts. So, wie die ganze Frau ausgesprochen ungewöhnlich war.

Erinnerungsorte:

Ihr Epitaph hängt in der Thomaskirche, Thomaskirchhof 18. Außerdem sind der Wiedebachplatz und die Wiedebachstraße nach ihr benannt, ebenso wie die Apollonia-von-Wiedebach-Schule.

Clara Zetkin setzte sich leidenschaftlich für das Proletariat ein.

EMANZIPATION NACH KLASSEN

Enge Freundin Lenins

Was für ein Leben! Eines, an dem sich so viel Geschichte des ausgehenden 19. und des beginnenden 20. Jahrhunderts ablesen lässt. Clara Zetkin ist eine Frau, die ihre Ecken hatte, und ihre Kanten. Die für die Überzeugungen eintrat und unerschrocken für sie kämpfte. Und genau das ist es, was die Historikerin Dr. Kerstin Wolff so an ihr fasziniert. Die Leiterin der Forschungsabteilung im Archiv der Deutschen Frauenbewegung hat sich für ihr Buch über das Frauenwahlrecht *Unsere Stimme zählt* intensiv mit Clara Zetkin beschäftigt und sie sagt: „Clara Zetkin ist deshalb so interessant, weil sie mehrere Tabus bricht. Sie selber kommt aus einem bürgerlichen Haushalt, setzt sich dann aber leidenschaftlich für das Proletariat ein." Und innerhalb des Proletariats macht sie den

Männern klar, dass sie bei der Befreiung ihrer Klasse die Frauen nicht vergessen dürfen. „Ihrem unermüdlichen Einsatz ist es zu verdanken, dass die frühe SPD ihre Verantwortung für die doppelte Unterdrückung von Arbeiterinnen erkennt. Das war nicht immer ganz einfach und häufig genug verzweifelte Clara auch an den eigenen Genossen, aber die SPD wurde dank Zetkin zu der Partei, die sich am frühesten zum Frauenwahlrecht bekannte", sagt Kerstin Wolff und fährt fort: „Wenn Zetkin etwas erkannt hatte, dann setzte sie sich ohne Wenn und Aber dafür ein. So zum Beispiel für den Frieden, den sie auch dann noch versuchte zu wahren, als die eigenen Genossen bereits die Kriegskredite bewilligt hatten. Selbst Gefängnis und Verfolgung konnten sie von ihrem pazifistischen Engagement nicht abbringen."

Kerstin Wolff mit ihrem Buch über das Frauenwahlrecht.

Clara Eißner, wie sie damals noch heißt, wird als Kind des Lehrers und Organisten Gottfried Eißner (1806-1875) und der Josephine Franziska Elisabeth Eißner (1822-1906) geboren.

Die Mutter ist Pionierin der bürgerlichen Frauenbewegung und des Allgemeinen Deutschen Frauenvereins (ADF), Louise Otto-Peters (siehe Seite 100) zählt zu ihren Bekannten. Um den Kindern eine bessere Bildung zu ermöglichen, zieht die Familie 1872 von Wiederau nach Leipzig, erst an den Stadtrand, später dann ins Zentrum. Die Mutter verkehrt viel in den Kreisen der Frauenbewegung, Clara ist oft dabei und erhält dank der mütterlichen Beziehungen im Steyber'schen Institut, dem ein Lehrerinnen-Seminar angeschlossen ist, ein Stipendium. 1878 beendet sie das Studium, ist nun Fachlehrerin, arbeitet in der Folge als Hauslehrerin. „In Leipzig kam sie aber nicht nur mit den

Ideen der bürgerlichen Frauenbewegung in Kontakt, sondern auch mit sozialistischen Ideen", erklärt Kerstin Wolff. Clara hört Vorträge der sozialistischen Politiker August Bebel (1840-1913) und Wilhelm Liebknecht (1826-1900) und tritt schließlich 1878 der Sozialistischen Arbeiterpartei Deutschlands (SAP) bei, die 1890 als Sozialdemokratische Partei Deutschlands (SPD) neu konstituiert werden wird. „Durch diese Entscheidung konnte sie nicht mehr als Lehrerin arbeiten, denn 1878 waren die Sozialistengesetze erlassen und damit der Weg in den Schuldienst verbaut worden", schildert Kerstin Wolff das Ende von Claras Karriere als Lehrerin. Reichskanzler Otto von Bismarck (1815-1898) hatte zwei Attentatsversuche auf den deutschen Kaiser Wilhelm I. (1797-1888) zum Anlass genommen, das „Gesetz wider die gemeingefährlichen Bestrebungen der Sozialdemokratie" am 19. Oktober 1878 mit der Stimmenmehrheit der Konservativen und Nationalliberalen zu verabschieden. Entgegen den Erwartungen erreichte Bismarck sein Ziel nicht – im Gegenteil. Das immer wieder bis 1890 verlängerte Gesetz führte lediglich dazu, dass sich die Arbeiterinnen und Arbeiter eng zusammenschlossen und sich verstärkt als eigene Klasse verstanden. Viele Sozialistinnen und Sozialisten schauten mit großer Skepsis auf die bürgerliche Gesellschaft und wurden in ihren revolutionären Gedanken bestärkt.

Mit ihrem Eintritt in die SAP muss Clara Eißner ihre Tätigkeit als Lehrerin also aufgeben. In diese Lebensphase fällt auch ihre Bekanntschaft mit dem Sozialrevolutionär Ossip Zetkin (1850-1889). 1880 lebt das unverheiratete Paar in Zürich und ab 1882 in Paris, wo auch die beiden Söhne Maxim (1883-1965) und Konstantin (1885-1980) geboren werden. „Die Familie lebte am Existenzminimum und als Ossip 1889 starb, stand Clara Zetkin, wie sie sich nun nannte, alleine da", erzählt Kerstin Wolff. „In dieser Situation verstärkte sie ihr Engagement für den Sozialismus und wandte sich der Frauenfrage zu, was zu ihrem wichtigsten Arbeitsfeld werden sollte." 1889 ist sie eine von wenigen Frauen, die auf dem Gründungskongress der II. Internationale in Paris vor einer größeren Öffentlichkeit spricht. In dieser Rede entwickelt sie ihre Emanzipationstheorie, die schon bald von der deutschen Sozialdemokratie übernommen werden soll. „Für Zetkin war klar, dass es keine gemeinsame Emanzipation von allen Frauen geben

könnte, sondern dass die Emanzipation der Frau in jeder gesellschaftlichen Klasse anders verlaufen würde", fasst Kerstin Wolff zusammen. „Wie die Sozialwissenschaftlerin Elke Schüller in einer biographischen Notiz zu Zetkin festgestellt hat, war es diese Rede, die ‚wesentlich dazu beitrug, dass sich die Partei verpflichtete, die Einbeziehung der Frauen und Mädchen in die sozialistische Bewegung durchzusetzen'."
1891, als das Sozialistengesetz fällt, kann Clara ins Deutsche Kaiserreich zurückkehren. Sie lässt sich in Stuttgart nieder, wo sie Anfang 1892 die Redaktion der Zeitschrift *Die Gleichheit* übernimmt. In Stuttgart heiratet sie im Alter von 42 Jahren den Maler Friedrich Zundel (1875-1948). Der ist deutlich jünger als sie, zählt erst 24 Lenze. Immerhin 28 Jahre sind die beiden verheiratet, dann lassen sie sich scheiden, fremd sind sie sich geworden und Zundel ehelicht im gleichen Jahr Paula Bosch (1889-1974), die Tochter des Industriellen Robert Bosch (1861-1942).
Clara macht *Die Gleichheit* zur bedeutendsten Publikation der Arbeiterinnenbewegung. „Sie schuf sich mit dieser Zeitschrift aber auch ein Organ, mit dem sie publizistisch großen Einfluss auf die Entwicklung der sozialdemokratischen Frauenpolitik nahm", macht Kerstin Wolff deutlich. „Darüber hinaus wurde sie zu einer der wichtigsten Frauenführerinnen ihrer Zeit und nicht nur national, sondern auch international sehr bekannt." Bedingt durch ihre Idee, dass sich die Frauen jeder Klasse eigenständig und nicht gemeinsam emanzipieren müssten, tritt Zetkin für eine strikte Trennung der verschiedenen Frauenbewegungsflügel ein. Sie will nicht mit bürgerlichen Frauen zusammenarbeiten, sondern steht für eine „reinliche Scheidung."
Claras Freunde sind mächtig: 1907 lernt sie bei einem Kongress in Stuttgart Lenin (1870-1924) kennen, sie werden lebenslang eng verbunden bleiben. Auch Rosa Luxemburg (1871-1919) steht Clara sehr nah, die beiden Frauen gehören zu den Führern des linken Parteiflügels.

Im Ersten Weltkrieg gerät Clara Zetkin in Konflikt mit ihrer Partei, die mehrheitlich den Krieg unterstützt und im Reichstag am 4. August 1914 sogar die Kriegskredite mitbewilligt. Clara aber ist überzeugte Pazifistin und setzt sich fortan noch mehr für den Frieden ein. „Sie organisierte als Sekretärin des Internationalen Frauensekre-

tariats – auch gegen das Veto des Parteivorstandes – 1915 in Bern eine Frauenfriedenskonferenz", nennt Kerstin Wolff ein Beispiel. Ab 1916 gehört sie der von Rosa Luxemburg gegründeten revolutionären innerparteilichen Oppositionsfraktion der SPD, der Spartakusgruppe (später Spartakusbund) an. 1917 schließlich zerbricht die SPD an den inneren Konflikten. Zetkin und mit ihr die radikale Linke um Karl Liebknecht (1871-1919) und Rosa Luxemburg gründen die Unabhängige Sozialdemokratische Partei Deutschlands (USPD), die schließlich in der Kommunistischen Partei Deutschlands (KPD) aufgeht. Clara Zetkin folgt den beiden in die neuen Parteien. „Aufgrund dieses Schrittes wurde Zetkin die Redaktion der Zeitschrift *Die Gleichheit* entzogen", erklärt Kerstin Wolff.
Doch ihre politische Karriere lässt sich nicht aufhalten: Als eine der ersten 13 weiblichen Abgeordneten ist sie von 1919 bis 1920 Mitglied der Verfassunggebenden Landesversammlung Württembergs, 1920 bis 1933 sitzt sie für die KPD im Reichstag der Weimarer Republik, deren parlamentarische Demokratie sie aber als „Klassendiktatur der Bourgeoisie" strikt ablehnt. Nach der Machtergreifung durch die NSDAP wird die KPD aus dem Reichstag ausgeschlossen, Clara flieht ins Exil, diesmal in die Sowjetunion, wo sie wenig später, am 20. Juni 1933, im Alter von fast 76 Jahren stirbt. Stalin (1878-1953) selbst trägt die Urne mit ihrer Asche zu Grabe.

Erinnerungsorte:

Clara Zetkin lebte in der Nähe der Pleißenburg, des heutigen Leipziger Neuen Rathauses und später in der Moschelesstraße 8. An sie erinnert der Clara-Zetkin-Park und das Clara-Zetkin-Denkmal im Johanna-Park.

Bildung für die Gehörlosen

Ein Frau setzt sich durch

„Man sieht nur mit dem Herzen gut. Das Wesentliche ist für die Augen unsichtbar", ließ einst der französische Schriftsteller Antoine de Saint-Exupéry (1900-1944) seinen berühmten kleinen Prinzen sagen. Diese Worte könnte man vielleicht auch auf die Ohren und das Hören übertragen: Man hört nur mit dem Herzen gut. Und dass Anna Catharina Elisabeth Heinicke ein großes Herz hatte, das fühlten die zahlreichen Gehörlosen, um die sie sich ihr Leben lang kümmerte, mit ihren Herzen bestimmt klar und deutlich. „Mit ihrem Mann Samuel Heinicke (1727-1790) arbeitete sie an der von ihm 1778 gegründeten ersten Taubstummenschule Deutschlands. Nach seinem Tod im April 1790 wurde Anna Catharina Elisabeth Heinicke zur ersten Direktorin einer deutschen Gehörlosenschule ernannt und leitete diese Einrichtung 38 Jahre lang pädagogisch und wirtschaftlich erfolgreich, kümmerte sich zudem auch um die beruflichen Möglichkeiten ihrer Schüler", fasst die Kulturwissenschaftlerin Gerlinde Kämmerer zusammen. Und es gibt noch etwas, das die Autorin zahlreicher Aufsätze über historische Frauen an Anna Catharina Elisabeth fasziniert: „Sie gehört zu den Frauen des 18. Jahrhunderts, die Zugang zur Bildung hatten und diese nutzten, um ein weitgehend selbstbestimmtes Leben zu führen."

Ihr ganzes Leben verbringt sie inmitten von Menschen, die nicht hören und deshalb nicht sprechen lernen können: Anna Catharina Elisabeth Kludt wächst in Wandsbeck mit zwei gehörlosen Brüdern auf. Als sie 18 Jahre alt ist, heiratet sie; ein Jahr nach der Eheschließung wird sie Witwe. Dieses Schicksal teilt sie mit dem 30 Jahre älteren Lehrer ihrer beiden Brüder, Samuel Heinicke, dessen Ehefrau ebenfalls verstorben

Anna Catharina Elisabeth Heinicke widmete ihr Leben der schulischen Ausbildung für Gehörlose.

war und ihm vier Kinder im Alter zwischen acht und achtzehn Jahren hinterlassen hatte. Anna Catharina und Samuel entdecken trotz des großen Altersunterschieds – sie ist nur zwei Jahre älter als sein ältestes Kind – ihre Zuneigung zueinander und heiraten. Zu jenem Zeitpunkt hat Samuel Heinicke neun taubstumme Schüler – gemeinsam mit ihnen und den vier Kindern zieht das frischvermählte Paar nach Leipzig. Für Anna ist es eine strapaziöse Zeit, sie ist schwanger, im Dezember kommt ihre erste Tochter Rosina zur Welt. „In Leipzig eröffneten sie mit Genehmigung des sächsischen Kurfürsten Friedrich August III. das Churfürstlich-Sächsische Institut für Stumme und andere mit Sprachgebrechen behaftete Personen, das ab 1782 rechtlich der Universität Leipzig unterstellt wurde", erzählt Gerlinde Kämmerer. Es ist die erste Taubstummenschule Deutschlands.

„In Leipzig eröffneten sie mit Genehmigung des sächsischen Kurfürsten Friedrich August III. das Churfürstlich-Sächsische Institut für Stumme und andere mit Sprachgebrechen behaftete Personen, das ab 1782 rechtlich der Universität Leipzig unterstellt wurde."

Anna Catharina nimmt die Rolle der Pflegemutter ein und führt den großen Haushalt; die Schülerinnen unterrichtet sie in Handarbeiten. Zwei weitere Kinder kommen zur Welt, im Mai 1783 die zweite Tochter Amalie Regina und im Juni 1788 der Sohn Samuel Anton.

Zwei Jahre ist der jüngste Sohn erst alt, als Samuel Heinicke 1790 stirbt und Anna mit den Kindern und dem Institut allein zurückbleibt. Ihre Versorgung ist nicht gesichert. „Ein Antrag, seiner Frau nach seinem Tod ein Witwengehalt von jährlich 200 Talern zu gewähren, war damals abgelehnt worden", erklärt Gerlinde Kämmerer. Doch Anna Catharina Heinicke gibt nicht auf: „Sie teilte in Zeitungsanzeigen mit, dass der Unterricht auch nach dem Tod ihres Mannes fortgesetzt werde und übernahm die Leitung der Schule mit damals vier Schülern. Selbstbewusst bewarb sie sich in mehreren Schreiben beim Kurfürsten um die Direktion, da sie durch ihren Mann Grundzüge im Unterrichten Taubstummer erworben hatte, um selbst ihren Lebensunterhalt verdienen zu können", berichtet Gerlinde Kämmerer. Der Kurfürst schätzt die Leistungen der tüchtigen Frau offenbar sehr: Zum einen lässt er ihr weiterhin das Jahresgehalt Heinickes von 400 Talern zahlen, zum anderen überträgt er ihr und Hilfslehrer August Friedrich Petschke (1759-1822) die gemeinsame Leitung des Instituts. Der macht ihr einen Heiratsantrag und zeigt sich gekränkt, als er einen Korb bekommt. „Das erschwerte natürlich die Zusammenarbeit, sodass Anna Heinicke per kurfürstlichem Dekret zur alleinigen Leiterin des Instituts und Petschke zum ersten Lehrer ernannt wurde", erklärt die Kulturwissenschaftlerin.

Anna Catharina Elisabeth führt das Institut im Sinne ihres Gatten fort, sorgt sich aber auch um die Weiterentwicklung der Einrichtung. „So schlug sie vor, die Schulzeit der taubstummen Schüler zu verlängern, um bei ihnen das Gelernte weiter zu festigen." Und sie sorgt auch dafür, dass ihre Schüler nach der Schule eine Chance haben: 1810 beantragt sie erfolgreich, dass Meister, die einen Gehörlosen als Lehrling aufnehmen, eine Prämie von 50 Talern erhalten. Ab 1818 schließlich gibt es an ihrem Institut auch eine Sonntagsschule, an der sich gehörlose Erwachsene weiterbilden können.

Gerlinde Kämmerer vor der Samuel-Heinicke-Schule am Denkmal für Caroline Luise Carl, die für die Schule stiftete.

Und dann geht endlich ihr Traum in Erfüllung: „Bisher war die Schule in verschiedenen Wohnungen untergebracht gewesen und hatte wegen der wachsenden Schülerzahl fünf Mal umziehen müssen, nun vermachte die Witwe Caroline Luise Carl (1762-1815) dem Institut 40.000 Taler und Anna Catharina kaufte ein Haus in der Klitzschergasse 806, das nach Umbauten 1822 als Leipziger Taubstummenanstalt eröffnet wurde", sagt Gerlinde Kämmerer.

In der Folge explodieren die Schülerzahlen: Ein Jahr nach Fertigstellung des Gebäudes liegen sie schon bei 38. Zum 50-jährigen Jubiläum der Schule – und Anna Heinickes fünfzigjährigen Dienstjubiläum – überreicht ihr der König einen Diamantring. „Seit 1778 hatte sie gemeinsam mit ihrem Mann am Institut gearbeitet und es nach seinem Tod über 38 Jahre als verantwortliche Direktorin geführt. Nun, im 71. Lebensjahr, beantragte sie für sich eine Pension von 400 Talern jährlich und empfahl als ihren Nachfolger den Lehrer Carl Gottlob Reich, der seit 1810 am Institut angestellt und seit 1816 mit ihrer Tochter Amalie Regina verheiratet war." Am 1. Januar 1829 wird sie mit einem „Gnadengehalt" von immerhin 300 Talern pensioniert und lebt bis zu ihrem Tod in der Gehörlosenschule. Im September 1839 darf sie noch die Grundsteinlegung für den ersten städtischen Neubau des damals so genannten Taubstummen-Instituts vor dem Windmühlentor erleben. Dreiundachtzigjährig segnet sie am 6. August 1840 in Leipzig das Zeitliche.

Erinnerungsorte:

Seit 1915 befindet sich die Samuel-Heinicke-Schule, heute Sächsische Landesschule für Hörgeschädigte Leipzig, in der Karl-Siegismund-Straße 2 in einem Gebäude, das als Königliche Taubstummenanstalt zu Leipzig konzipiert und gebaut worden war. Anna Catharina Elisabeth Heinicke fand mit ihrer Taubstummenschule an vielen Orten in Leipzig Quartier: Am Roßplatz, in der Klostergasse, am Neuen Kirchhof an der Matthäi-Kirche, in der Neuen Straße vor dem Halle'schen Pförtchen und am Thomaspförtchen. Das erste eigene Haus der Klinik stand in der Klitzschergasse 806, Nähe Pleißenburg. Der erste städtische Neubau des Taubstummen-Instituts befand sich vor dem Windmühlentor.

Louise Hauffe war eine Leipziger Musikgröße des 19. Jahrhunderts.

Freundin Clara Schumanns

Klavierspiel bis zur Eheschließung

Sie spielte leidenschaftlich gern Klavier. Und auch, wenn das Geld immer knapp und die Gesundheit angeschlagen war: Louise spielte. Und sie spielte sich ganz nach oben: „Neben ihrer Zeitgenossin Clara Schumann war sie im 19. Jahrhundert eine der bedeutendsten Musikgrößen", sagt Dr. Sandra Berndt von der Uni Leipzig. „Statt sich gesellschaftlichen Konventionen unterzuordnen, strebte sie eine eigene Karriere als Konzertpianistin an und trug damit im Kampf um gesellschaftliche

Teilhaberechte der Frauen auch im Erwerbsleben entscheidend bei."

Louise ist wohl ein Kind der Liebe und der Leidenschaft: Zumindest sind Vater Johann Gottlieb Haufe (1812-1865) und Johanne Friederike Meier (gest. 1886) gerade einmal sechs Monate verheiratet, als die kleine Louise am 2. Januar 1836 als ältestes von neun Kindern das Licht der Welt erblickt. Ihr Vater ist Musiker und Leiter einer Musikschule, auch Louise liebt das Musizieren und konzertiert erstmals im Alter von 13 Jahren. „Wir wissen es nicht sicher, aber wir vermuten, dass sie zunächst vom Vater ausgebildet wurde", sagt Dr. Sandra Berndt.

Ob sie F-Dur oder f-Moll besonders gern mochte, ist nicht bekannt, noch weiß man einen anderen Grund, warum sie sich 1850 ein zweites F im Nachnamen spendierte und sich fortan Hauffe nannte. Jedenfalls ist das das Jahr, in dem sie ihr fünfjähriges Musikstudium am Leipziger Konservatorium der Musik beginnt. „Es war für Louises Familie jedoch nicht ganz einfach, ihr Studium zu finanzieren und das Studiengeld von 80 Talern im Jahr aufzubringen", sagt Sandra Berndt. „Deshalb musste sie ihr Studium häufig unterbrechen. Manchmal war sie wohl auch krank."

Doch Louise verdient sich mit der Kunst schon jetzt etwas dazu: Bei den von Johannes Brahms (1833-1897) präsentierten Abonnementskonzerten des Leipziger Gewandhauses zum Beispiel. „Dort hat sie am 2. Januar 1854 einen Auftritt, bei dem sie brilliert, auch, wenn sie am Anfang furchtbar aufgeregt war", erzählt die Germanistin die Geschichte weiter. Nach dem Studium arbeitet Louise Hauffe als Lehrerin, Solistin und Kammermusikerin und tritt zwischen 1856 und 1870 mit großen Erfolgen weiterhin regelmäßig im Leipziger Gewandhaus auf. „Neben Clara Schumann ist sie die Frau, die hier am häufigsten auf der Bühne steht", schildert die Germanistin. Die Beziehung zum Vater, der sie musikalisch geprägt hat, reißt nicht ab, immer wieder konzertiert sie Seite an Seite mit ihm und seinen Schülern in Düben, ihrem Heimatort, auch

„Im Juli 1872 heiratet Louise den Leipziger Stadtrat und Musikverleger Raimund Härtel und zog sich aus dem öffentlichen Konzertleben zurück."

auf einer Konzertreise nach Wien weiß sie mit ihrem Talent zu überzeugen.

Und dann ist das alles plötzlich vorbei. Die Reisen, die Auftritte, die Konzerte. „Im Juli 1872 heiratete Louise den Leipziger Stadtrat und Musikverleger Raimund Härtel und zog sich aus dem öffentlichen Konzertleben zurück." Von da an, sagt Berndt, sei kaum noch etwas über ihr Leben bekannt, nur, dass sie der Musik nicht entsagt, aber nun von der Pianistin eher zur Förderin wird. „Privat engagierte sie sich beim Aufbau und der Pflege eines musikalischen Freundeskreises. Ihr Wohnhaus wurde zu einem Zentrum der musikalischen Elite, in dem Johannes Brahms, Anton Rubinstein, das Ehepaar Heinrich und Elisabeth von Herzogenberg, Amalie Joachim und andere bekannte Musikgrößen verkehrten." Und natürlich Clara: Zwischen den beiden Frauen besteht eine besondere Freundschaft, im Hause des Ehepaares Härtel feiert Clara Schumann 1878 ihr 50-jähriges Künstlerinnenjubiläum.

„Ihr Wohnhaus wurde zu einem Zentrum der musikalischen Elite, in dem Johannes Brahms, Anton Rubinstein, Heinrich und Elisabeth von Herzogenberg, Amalie Joachim und andere bekannte Musikgrößen verkehrten."

Auftreten wird Louise Hauffe, die nun Härtel heißt, aber nie mehr. So wie ihren Namen hat sie mit der Heirat auch ihre Musikkarriere abgelegt.

....

Erinnerungsort:

Louise Hauffe lebte in der Gustav-Adolph-Straße 7.

Orte des Gedenkens

Die zweite Befreiung

Manchmal ist es wichtig, einen Ort zu haben. Einen Ort der Trauer, einen Ort des Gedenkens. Genau einen solchen Ort hat Charlotte Zeitschel für viele Opfer des Nationalsozialismus in Leipzig geschaffen: die bundesweit erste Gedenkstätte für Zwangsarbeiter. Manch einer, der von den Nazis gefangengehalten und gequält wurde, fand durch sie den Mut, zurückzukehren an den einstigen Ort des Schreckens. Und sich – ein wenig zumindest – mit ihm auszusöhnen. Ihre Tochter Dr. Marion Michel, die ihr bescheinigt, „eine wunderbare Mutter" gewesen zu sein, sagt: „Nach dem persönlichen Erleben der Grausamkeit des Faschismus und des Krieges trat sie dafür ein, das Andenken an die Opfer zu bewahren und den nachwachsenden Generationen zu vermitteln."

Denn die junge Charlotte muss schon früh lernen, was es bedeutet, im Visier der Nationalsozialisten zu stehen, wenn ihre Kindheit auch zwar bescheiden, aber doch glücklich beginnt: „Meine Großeltern waren arm und mein Großvater Oswald Herfurth oft arbeitslos, aber sie haben sich viel Mühe gegeben, ihre Kinder gut behütet aufwachsen zu lassen", erzählt Marion Michel. „Obst und Gemüse aus dem Garten, Hühner und Ziegen halfen gegen den Hunger." Und der Vater Oswald Herfurth fertigte in den Jahren, in denen er arbeitslos war, für seine Kinder selbst Spielzeug, zum Beispiel ein sich drehendes Puppenkarussell."

Doch die glücklichen Jahre sind gezählt. 1933 ergreifen die Nationalsozialisten die Macht und der NS-Regime-kritische Oswald Herfurth (1900-1949) steht als Kommunist unter strenger Beobachtung. Er gilt als „wehrunwürdig" und muss

Charlotte Zeitschel schuf eine Gedenkstätte für Zwangsarbeiter.

daher nicht in den Krieg ziehen, hat jedoch in der Hugo Schneider AG (HASAG) zur Herstellung von Panzerfäusten Säure an Zwangsarbeiterinnen auszugeben. „Meine Großmutter hat mir erzählt, dass die Zwangsarbeiterinnen von den Dämpfen grüne Haare bekamen. Und auch meinem Großvater bekam das nicht gut“, sagt Marion Michel. „Er trug Asbestanzüge, die wurden von der Säure regelrecht zerfressen und zerfielen beim Waschen.“ Oswald Herfurths Lunge hält die Dämpfe ebenso wenig aus, wie seine „angebliche“ Schutzkleidung, er stirbt im Alter von 49 Jahren.

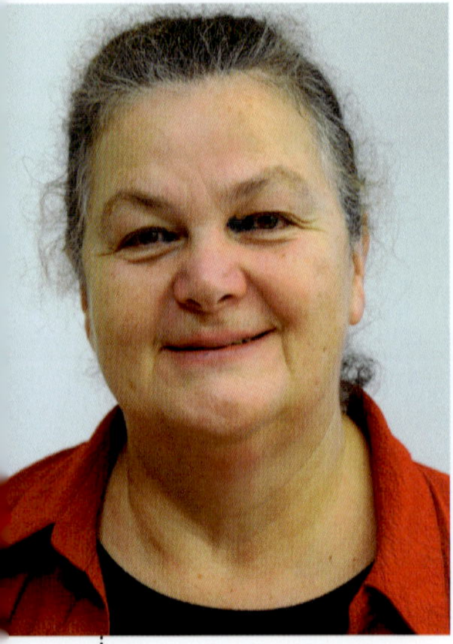

Dr. Marion Michel bescheinigt ihrer Mutter Charlotte Zeitschel, die coolste Großmutter der Welt gewesen zu sein.

In den letzten Kriegsjahren arbeitet die junge Charlotte als Schwesternhelferin in der Kinderlandverschickung – und bei Kriegsende ist sie als Krankenschwester in Taucha beschäftigt. „Sie hat später erzählt, dass Männer ihre Frauen und neugeborenen Kinder aus Angst vor den Russen aus dem Krankenhaus holten“, schildert Marion Michel die Erlebnisse ihrer Mutter. „Aber die sowjetischen Soldaten standen im Krankenhaus ehrfürchtig vor den Babys und sorgten sich darum, dass die Mütter Brot und die Kinder Milch hatten.“ Doch nicht nur um die Säuglinge und ihre Mütter kümmert sich die junge Charlotte – sondern auch um drei schwer traumatisierte Häftlinge, die das Außenlager des KZ Buchenwald in Abtnaundorf überlebt hatten. „Diese Erlebnisse waren maßgebend für das spätere Engagement meiner Mutter, junge Menschen über die Leiden der Völker durch Faschismus und Krieg aufzuklären“, sagt Marion Michel.

Nach dem Krieg werden Lehrerinnen und Lehrer gebraucht, die hinsichtlich des Nationalsozialismus unbelastet sind. Charlotte Herfurth meldet sich zu einem achtmonatigen Lehrgang am Schulwissenschaftlichen Institut in Leipzig an, lernt in jener Zeit Heinz Zeitschel (1927-2008) kennen und bekommt mit ihm zwei Kinder: 1949 wird

Sohn Wolfgang und 1951 Tochter Marion geboren. Nach vier Jahren wird ihre Ehe geschieden, Charlotte Zeitschel zieht ihre Kinder allein groß. Sie ist in der Jugendhilfe, in der Volksbildung und bei der Frauen- und Familienförderung der SED-Kreis- und Bezirksleitung tätig.

In den 1950er-Jahren arbeitet sie als Lehrerin in der Krankenhausschule: „Hier war sie für die Betreuung der leukämiekranken Kinder zuständig, sagt ihre Tochter. „Die Diagnose Leukämie bedeutete in den 1950er-Jahren das Todesurteil." Nichts fürchtet Charlotte Zeitschel so sehr wie den Moment, in dem man ihr sagt, sie solle nur noch mit dem kleinen Patienten spielen und nicht mehr unterrichten. „Sie wusste: dann hat die Endphase der Krankheit für das Kind begonnen. Diese Phase hat sie unheimlich belastet", sagt Marion Michel.

Und auch die Bilder des Leidens aus dem Krieg gehen ihr nicht aus dem Kopf. Immer mehr beschäftigt sich Charlotte Zeitschel mit diesem Thema, recherchiert und findet schließlich im Stadtarchiv Taucha Dokumente über die Verbrechen der Nazis an Zwangsarbeiterinnen und deren in den Lagern geborenen Kindern. „Was sie herausfand, war schrecklich", berichtet Michel. „Die meisten Kinder lebten nur kurze Zeit, vermutlich so lange ihre Mütter sie stillen konnten. Danach sind sie verhungert, starben durch die schlechten hygienischen Bedingungen, einige auch an Schädelbruch, wie aus dem Sterberegister der Stadt Taucha hervorgeht."

Mitunter wurden die Kinder aber auch gegen den Willen der Mütter zur Adoption durch deutsche Familien freigegeben. Bekannt ist das Schicksal von Alja Rumjanzewa, die 40 Jahre lang nach ihrem Sohn gesucht hat. Er war ohne das Wissen der Mutter bereits im Alter von neun Monaten verstorben.

„Schwer erschüttert von diesen Schicksalen, initiierte meine Mutter den Film ‚Geboren um zu leben' über die Zwangsarbeiterkinder. Außerdem fand sie, dass an die Kinder erinnert werden muss. In den 1980er-Jahren entstand ein erster Gedenkstein für die Opfer des Faschismus und die Zwangsarbeiterkinder in Taucha. Meiner Mutter war es wichtig, Orte des Gedenkens zu schaffen", sagt Marion Michel. „Bereits Ende der 70er-Jahre übernahm sie von Dr. Gertrud Bobek die Betreuung der Margarete-Blank-Gedenkstätte in Panitsch. Mit der Gründung eines Fördervereins gelang es ihr, das einstige Wohnhaus der Ärztin auch nach 1990 zu erhalten. Das Blank-Haus erinnert an die Ärztin Dr. Margarete Blank, die Zwangsarbeitern half, indem sie sie mit Medikamenten versorgte. Nach einer Denunziation wurde sie 1945 hingerichtet", berichtet Marion Michel über deren Schicksal. Und sie erzählt weiter: „Begegnungen mit Jugendlichen, mit Verfolgten der NS-Zeit, Freunden und Weggefährten prägten das Leben in der Gedenkstätte. Daraus reifte die Idee, auch eine Gedenkstätte für Zwangsarbeiter in Leipzig zu schaffen, um Opfern und ihren Angehörigen einen Ort des Gedenkens zu geben", sagt Marion Michel. „Mit Unterstützung namhafter Leipziger Persönlichkeiten gelang es ihr, 2001 die erste Gedenkstätte für Zwangsarbeiter in Deutschland an historischem Ort auf dem Gelände des UFZ, der ehemaligen HASAG, zu eröffnen." Neun Jahre leitet Charlotte Zeitschel diese Gedenkstätte. „Meine Mutter war stolz und glücklich, diesen Ort der Erinnerung geschaffen zu haben. Viele Betroffene kamen, und sagten, sie haben dort zum zweiten Mal ihre Befreiung erlebt. Sie wollten eigentlich nie wieder Deutschland betreten, geschweige denn die Sprache hören, doch sie fanden es wohltuend zu sehen, dass an ihr Leid erinnert wird." Die Arbeit und der Kontakt zu den Betroffenen hätten ihrer Mutter immer wieder Lebensmut gegeben und die Kraft, trotz altersbedingter gesundheitlicher Probleme weiterzumachen. Marion Michel schließt mit einer kurzen Beschreibung ihrer Mutter Charlotte Zeitschel: „Sie war liebevoll, warmherzig, streitbar, klug, kämpferisch, beharrlich und die coolste Großmutter der Welt. Sie starb im Juni 2011 in Leipzig."

Erinnerungsorte:

Charlotte Zeitschel wirkte sowohl in der Dr. Margarete-Blank-Gedenkstätte, Dr.-Margarete-Blank-Straße 9, Borsdorf, als auch in der Gedenkstätte für Zwangsarbeit Leipzig, Permoserstraße 15.

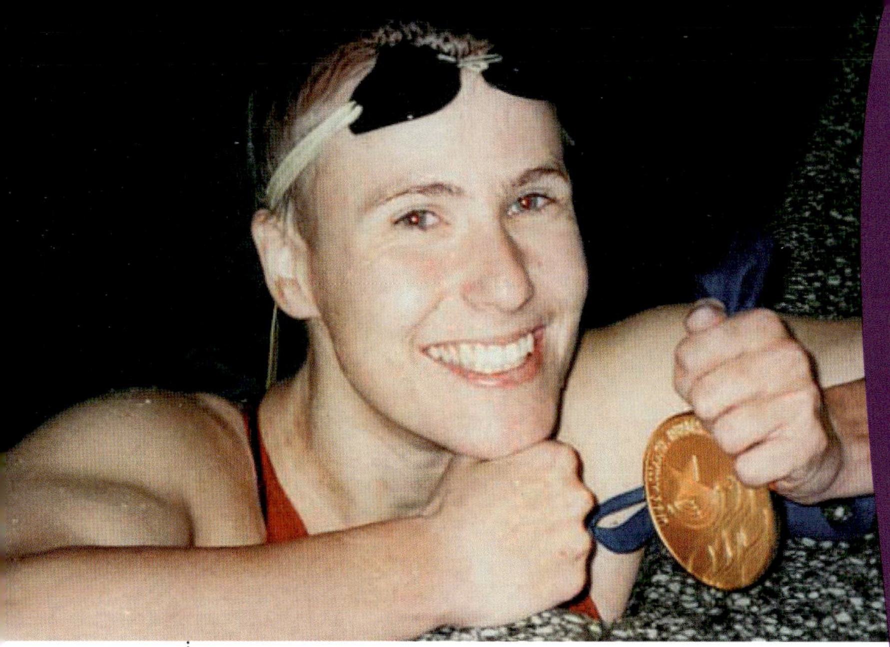

Kay Espenhayn gab nie auf – Schwimmen war ihr Leben, auch ihre Querschnittslähmung konnte sie davon nicht abhalten.

Leipzigs „Goldfisch"

Schwimmend durch ein hartes Leben

Kay Espenhayn wollte lieber „kurz und intensiv leben, als ewig im Glaskasten zu hocken." Das schrieb sie am 8. Dezember 1999 in ihr Tagebuch. Keine drei Jahre später war sie tot – kurz nach ihrem 34. Geburtstag gestorben, die lange Krankheit, die sie an den Rollstuhl fesselte, hatte über ihren unerschütterlichen Optimismus und ihren Willen, sich nicht unterkriegen zu lassen, gesiegt. Ihr kurzes, intensives Leben widmete sie dem Wassersport: „Ich finde nichts, was mir ähnlich viel wie das Schwimmen bedeuten könnte", sagte sie. Und im Schwimmen, da war sie gut. Um nicht zu sagen: brillant. „Die Ausnahmeschwimmerin Kay Espenhayn war erfolgreiche Paralympics-Teilnehmerin in Atlanta 1996 und Sydney 2000, stellte mehrere Weltrekorde auf und wurde als Sächsische Sportlerin des Jahres 1996 geehrt. 2001 wurde sie als erste Deutsche im Behindertensport zur UNICEF-Botschafterin berufen", sagt Ingeburg Zeidler, die sich viel mit Leipzigs Sportlerinnen beschäftigt hat.

Kay Espenhayn, in Leipzig geboren, ist ein aufgeschlossenes, begabtes und fröhliches Kind, voller Empathie und Mitgefühl für ihre Klassenkameraden. Ihre Liebe zum Wasser entdeckt sie bereits im Alter von fünf Jahren; es wird zu ihrer Leidenschaft, die kleine Kay ist eine sprichwörtliche Wasserratte. Gefördert wird sie jedoch zunächst in einer anderen Sportart: „Schon in der zweiten Klasse entdeckte man ihre Begabung für die Rhythmische Sportgymnastik", sagt Ingeburg Zeidler. „Sie war sehr beweglich und trainierte mehrmals wöchentlich mit großer Begeisterung". Auf die Kinder- und Jugendsportschule wollen ihre Eltern sie später aber nicht schicken, Kay widmet sich nun der Musik: zunächst Flöte, dann Waldhorn. „Sie spielte im Jugendblasorchester der Schule bis zum Ende der Schulzeit im Jahr 1985. Sie schätzte ihr musikalisches Talent selbst jedoch als weniger ausgeprägt als das sportliche ein", sagt die Sporthistorikerin. Ihre Eltern wünschen sich, dass sie die Erweiterte Oberschule besucht, doch Kay lehnt ab: „Ihr behagte die Zusammensetzung der Klasse nicht und sie befürchtete, bei der Studienwahl in eine ungewollte Richtung gelenkt zu werden. Spaß am späteren Beruf zu haben war ihr wichtig. Deshalb entschied sie sich für eine medizinische Tätigkeit", fährt die Markkleebergerin fort. Kay macht ein Praktikumsjahr im Evangelisch-Lutherischen Diakonissenhaus und beginnt 1986 ihr Studium an der Medizinischen Fachschule Leipzig, das sie drei Jahre später mit dem Staatsexamen als Medizinisch-Technische Laborassistentin abschließt, sie arbeitet nun im Diakonissenhaus Leipzig. „Bereits in Ausbildung und Praktika hatte sich Kay gern und intensiv den Patienten zugewandt. Sie konnte auf Menschen eingehen. Freiwillig übernahm sie Pflegedienste an freien Tagen und Wochenenden", fährt das Mitglied im Förderverein Sächsisches Sportmuseum Leipzig e. V. fort. Nun beginnt auch ihr Schwimmtraining in einer Gruppe, außerdem lässt Kay sich zur Rettungsschwimmerin für die Stufen I und II ausbilden. „In den Sommermonaten war sie am Kulkwitzer See bei Leipzig und an der Ostsee eingesetzt, auch bildete sie selbst Rettungsschwimmer mit aus."

Und dann wendet sich das Blatt: Kay bemerkt einen geschwollenen Lymphknoten am Hals. Schnell wird klar: Der Knoten muss entfernt werden. Ein Unglück kommt zum anderen – bei der Operation wird ein Nerv versehentlich durchtrennt, künftig kann sie ihre Halswirbelsäule nicht mehr problemlos bewegen, ihr rechtes Schultergelenk und ihr rechter Arm sind in der Bewegung eingeschränkt. Sie darf keine Kopfsprünge mehr machen und damit ist ihre Karriere als Rettungsschwimmerin vorbei. Das Schwimmen aufzugeben kommt für Kay jedoch nicht infrage. 1992 macht sie Bekanntschaft mit dem Behindertensportverein Leipzig und stellt fest: Selbst für Rollstuhlfahrer – zu denen sie ja (noch) nicht gehört, ist es möglich, sich sicher im Wasser zu bewegen. Ermutigt nimmt sie ihr Training wieder auf und geht nach wie vor unermüdlich ihrer Arbeit nach. Die tut ihr jedoch nicht gut: „Die körperlich anstrengende Tätigkeit in der Pflege führte bei Kay 1993 zu massiven Bandscheibenschäden. Nach einer Operation und einem halbjährigen Klinikaufenthalt wurde die 25-Jährige mit der Diagnose komplette Querschnittslähmung ab 5. Brustwirbel und im Rollstuhl entlassen", schildert Ingeburg Zeidler den traurigen Fortgang. Für Kay ist schon im Krankenhaus klar, dass sie das Schwimmen nicht aufgeben wird. Natürlich nicht! „Ihre Sehnsucht nach Menschen und Bewegung war so stark, dass sie eine Arbeit in der Ernährungsdiagnostik an der Chirurgischen Klinik des Klinikums St. Georg begann." Sie nimmt ihr Training wieder auf – nur von den Armen getragen nun. Es ist anstrengend, erschöpfend, aber ihr Wille ist ungebrochen, ihr Ehrgeiz groß, Selbstständigkeit ist ihr wichtig. Bisher hat sie bei ihrer Mutter Monika gelebt, im Januar 1994 zieht sie in eine eigene Wohnung. Später wird sie im Alltag dank der Hilfe von Freunden und Spendenmitteln immer mehr Erleichterung erfahren: Ihre Wohnung wird barrierefrei umgebaut, ab 1999 bekommt sie sogar ein rollstuhlgerechtes Auto. „Doch unzählige Hindernisse blieben: steile Rampen, nicht funktionierende Fahrstühle, chaotische Transporte, schwierige Unterbringung bei Wettkämpfen, aber auch menschliche Gedankenlosigkeit wie vergessene Wettkampfmeldung, Unachtsamkeit, auch Rücksichtslosigkeit. Alles Dinge, die sie herausforderten, das tägliche Leben zu meistern und alle Energie auf das Wichtigste zu richten – schwimmen, sportliche Leistungen erreichen", sagt die Autorin. Denn nun geht ihre Karriere richtig los: „Im April 1994 begann ihre Zeit als Wettkampfschwimmerin bei der Sachsenmeisterschaft, im Juli nahm sie erstmals an Deutschen Meisterschaften teil und der erste internationale Auftritt folgte bei den Niederländischen Meisterschaften 1995", zählt Zeidler auf. „Noch im gleichen Jahr schwamm Kay Espenhayn vier Weltrekorde bei der Europameisterschaft in Perpignan/Südfrankreich. Im Wasser sei sie frei und leicht und fühle sich nicht behindert, so äußerte sie sich gegenüber ihrer Mutter."

Ingeborg Zeidler in der Schwimmhalle Mainzer Straße in der Kay Espenhayn immer trainierte.

Und dann hat sie schon wieder Pech. Das Taxi, mit dem sie 1995 zur ARD-Sportgala fährt, verunfallt, erneut muss Kay ins Krankenhaus, wieder lässt sie sich nicht unterkriegen und von der Diagnose nicht beirren. Die lautet: Komplette Querschnittslähmung ab dem 6. Halswirbel. Schier unglaublich erscheinen vor diesem Hintergrund ihre weiteren Erfolge: „Sie schaffte unmittelbar nach ihrer Entlassung die Teilnahme an den Offenen Deutschen Meisterschaften und dort die Qualifikation für die Paralympischen Spiele 1996 in Atlanta, USA. Mit sechs Medaillen – drei Mal Gold, zwei Mal Silber und ein Mal Bronze kehrte sie zurück!" Und noch ein weiteres Mal wird Kay das Unglaubliche erreichen: Sie startet 2000 bei den Paralympics in Sydney, Australien, und kommt mit fünf Silbermedaillen heim. „Zwischen beiden Höhepunkten lagen insgesamt drei Jahre Krankenhausaufenthalt wegen organischer Erkrankungen und nachfolgender Rehabilitationen. Ihr Wille zu schwimmen behielt in diesem Kampf um ihr Leben noch die Oberhand", unterstreicht die Expertin.

Kay Espenhayn ist ein Star. Eine Auszeichnung nach der anderen erhält sie, eine Ehrung jagt die nächste. „Nicht so gern im Mittelpunkt stehend, nahm Kay Espenhayn die Einladungen dennoch an, Anerkennung und Bewunderung taten ihr selbstredend gut, sie lernte neue Menschen in einem anderen Umfeld kennen und machte anderen Mut mit ihrer Ausstrahlung. Zugleich wollte sie bewusst dem Behindertensport zu öffentlicher Aufmerksamkeit verhelfen, blieb aber ohne Illusion über das vergängliche Interesse der Medien bei nachlassendem Erfolg", erklärt Zeidler.

Im August 2001 stellt sie bei den Europameisterschaften in Schweden nochmals einen Weltrekord auf und bestreitet im Dezember bei den Deutschen Mannschaftsmeisterschaften ihren letzten Wettkampf im Schwimmen. All das ist zu viel für ihren Körper, ein Kreislaufkollaps bringt sie erneut ins Krankenhaus – und diesmal hilft aller Mut nicht, aller Wille, alle Kraft: Am 15. September 2002 stirbt in den Armen ihrer Mutter. Sie ist nur 34 Jahre alt geworden.

Ingeburg Zeitler sagt nachdenklich: „Sie war bestimmt nicht unglücklicher als andere Menschen. Sie empfand das Schwimmen als Glück, da sie sich dabei frei gefühlt hat." All das, sagt sie, hätten die Menschen gespürt, die ihr begegneten: „Dieser starke, entschiedene Wille sowie die optimistische und heitere Wesensart bleibt allen, die Kay Espenhayn nahestanden, in Erinnerung. Mit ihrer Ausstrahlung beschenkte sie viele Menschen."

Erinnerungsorte:

Kay Espenhayn lebte in Leipzig in der Nernststraße 10, in der Hans-Beimler-Straße 1 und Am Mückenschlösschen 15. An sie erinnert der Kirschbaum an der ARENA Leipzig, Jahnallee/ Ecke Friedrich-Ebert-Straße, den ihre Mutter Monika für sie gepflanzt hat.

Mit den Augen der Kinder

Kasperle – in Leipzig geboren

Sie ist im Schreibrausch, eine Seite nach der anderen füllt sie mit flinker Hand, eine Figur nach der nächsten entspringt ihrer Fantasie. Kasperle zum Beispiel, ein Kerl in der Größe eines Kindes, der auf einmal aus dem Schrank fällt, jedoch ursprünglich von einer Kasperinsel stammt und unzählige Kinderherzen verzaubert. Ein Buch schreibt sie. Noch eins. Und ein weiteres, bis es fast 70 sind. Man liest ihre Bücher in der ganzen Welt. In Holland. In Spanien. In Portugal. In Frankreich, Amerika, Schweden, Finnland. „Ich finde Josephine Siebe ungemein beeindruckend", sagt die Leipzigerin Sylvia Kolbe, die sich viel mit Schriftstellerinnen in der Geschichte beschäftigt hat. „Sie hat ihr Leben dem Schreiben gewidmet und so vielen Kindern Glücksmomente beschert." Und auch den Erwachsenen: Als Schriftleiterin bei der Frauenbeilage des *Leipziger Tageblatts* widmete sie sich Themen wie Frauenbildung und Frauenberufstätigkeit.

Josephine wird in Leipzig als fünftes von sechs Kindern geboren, ihr Vater Carl Ernst Siebe (geb. 1834) hat hier ein Geschäft als Fotograf, viel hält sie sich jedoch auch auf dem Land auf – der Vater besitzt ein Gut bei Jena – was in ihre Bücher einfließen wird. Doch auch ein dunkler Schatten liegt auf der Kindheit: Drei ihrer Geschwister sterben jung, mit den beiden anderen pflegt sie eine innige Beziehung.
Schon früh entdeckt sie das Schreiben für sich, ihr erster Roman mit dem Titel *Stille Kämpfer* erscheint im Jahr 1901. Mit *Bäschen Bangbüchschen* schafft sie 1905 einen wichtigen Schritt auf der Karriereleiter, die Erzählung wird ausgezeichnet, wodurch sie die Aufmerksamkeit des Stuttgarter Verlegers

Josephine Siebe machte mit ihren Büchern unzählige Kinder glücklich.

Maximilian Levy (1849-1925) auf sich zieht. Es ist der Beginn einer intensiven Zusammenarbeit: mehr als 30 Bücher bringt sie in den Folgejahren in dem von ihm gegründeten Verlag heraus. „Josephine Siebe war eine der Starautorinnen des Verlags Levy & Müller", unterstreicht Sylvia Kolbe und fährt fort: „Josephine Siebe machte sich auch für die Gleichstellung der Frau stark und stand in enger Verbindung mit Henriette Goldschmidt, über die sie später eine Biografie schrieb." Und so zieht sie im Jahr 1903 auch in das „Haus des 1871 von Henriette Goldschmidt (1825-1920) gegründeten Vereins für Familien- und Volkserziehung", wie Nina Preißler in den *Frauenporträts der Stadt Leipzig* schreibt. Hier leben, außer Henriette Goldschmidt und Josephine, noch weitere Damen, die sich für Frauenrechte engagieren und die Pädagogik von Kindergarten-Erfinder Friedrich Fröbel (1782-1852) unterstützen. Im Haus befindet sich auch ein Kindergarten und Unterrichtsräume. Als das Gebäude in der Weststraße zu eng wird, gründet Henriette Goldschmidt 1911 in der damaligen Königstraße die erste Hochschule für Frauen in Deutschland – mit fundierter Ausbildung im sozialpädagogischen und medizinischen Be-reich. Josephine Siebe gehört dem Eh-renvorstand der Hochschule an. Ihre Schrift *Die Welt im Kinderköpfchen* versieht Josephine Siebe mit der Widmung „Frau Dr. Henriette Goldschmidt in verehrender Liebe zugeeignet".

Sylvia Kolbe ist zwar längst erwachsen, aber die Bücher der Josephine Siebe liebt sie immer noch.

1904 wird sie für mehrere Jahre Schriftleiterin der Frauenbeilage beim *Leipziger Tageblatt* und – später – von *Reclams Universum*: „Unter ihrer Leitung bekam die Frauenbeilage des *Leipziger Tageblattes* nicht nur einen größeren Umfang als zuvor, sondern ein ganz eigenes Profil, das nach ihrem Ausscheiden aus der Redaktion wieder verloren ging", bescheinigt ihr Nina Preißler und differenziert: „Nachrichten aus der Frauenbewegung weltweit waren nun ebenso vertreten wie Artikel namhafter Autorinnen zur Frauenproblematik und lokale Frauenangelegenheiten. Viele Kurznachrichten und Leitartikel stammen aus der Feder Josephine Siebes und zeugen von ihren journalistischen Fähigkeiten und ihrer profunden Kenntnis der Frauenbewegung."

Sylvia Kolbe nennt viele Bücher der Josephine Siebe ihr Eigen.

Ein weiteres Thema, das Josephine Siebe sehr wichtig ist, ist die Fürsorge für arme Menschen. Sie verschenkt viel, und das Thema findet sich auch in ihren Geschichten. Am allermeisten bedeuten ihr aber wohl die Kinder. Die Kleinsten der Gesellschaft, für die sie so viel schreibt. Den Erwachsenen erklärt sie, die keine eigenen Kinder hat, sich aber dennoch so gut in diese kleinen Menschen einfühlen kann: „Nur wenn wir versuchen, des Kindes Gedanken nachzudenken, wenn wir im Verkehr mit dem Kinde gleichsam noch einmal schon einmal zurückgelegte Wege wiedergehen, uns des eigenen Werdens bewußt werden, dann kann es uns gelingen, einem Kinde gerecht zu werden."

Im Jahr 1920, da ist Josephine Siebe 50 Jahre alt, zwingt eine schwere Krankheit sie in die Knie, nie wieder wird sie ganz gesund werden und obwohl sie noch 21 Jahre leben wird, ist sie auf die Hilfe anderer angewiesen und wird von ihrer Schwester Ottilie Riedel gepflegt. Die Feder freilich, die legt sie nicht beiseite, schreibt bis zum Schluss, bis zum Tod, der sie am 26. Juli 1941 ereilt.

Sie ist unvergessen, wie Sylvia Kolbe feststellt: „1988 erschien das *Große Josephine Siebe-Buch*, das habe ich mir natürlich inzwischen gekauft. Auch die Kasperle-Bücher kann man in Neuauflagen finden und ebenso sind Josephine Siebes Werke als E-Books erhältlich." Die Leipzigerin freut sich: „Bei einer Lesung aus ihren Büchern habe ich mit Kasperles Streichen auch heute noch Kinder zum Lachen bringen können."

Erinnerungsorte:

Josephine Siebe wurde vermutlich und allgemeinen Angaben zufolge in der Thalstraße 8 geboren. Allerdings findet sich im Leipziger Adressbuch für 1870 als Wohnort der Familie Siebe noch die Bosenstraße 18, das ist die heutige Nürnberger Straße 16-18. Für 1871 ist die Thalstraße 8 angegeben, zwei weitere Jahre lebte die Familie in der Thalstraße 7. Danach sind unter anderem die Centralstraße und der Täubchenweg genannt.

Eine vergessene Künstlerin: Philippine Wolff-Arndt.

„Diese Tochter ist verrückt"

Eine vergessene Malerin

Sie wollte malen, immer nur malen. Und sie erreichte ihr Ziel. Nicht nur das: Sie war damit sogar außerordentlich erfolgreich: „Gegen alle Widerstände studierte Philippine Wolff-Arndt Malerei, erweiterte Wissen und Fertigkeiten in München und in Italien", sagt Rita Jorek, die dieser Malerin, die in Leipzig Mitbegründerin des Künstlerinnenvereins war und sich für das Frauenstudium an der Kunstakademie einsetzte, nachspürte. „Man weiß leider recht wenig über sie", bedauert die Kunst- und Literaturwissenschaftlerin, „und ihre Bilder sind fast alle verschwunden. Außer dem Leipziger Porträt der Henriette Goldschmidt scheinen nur Reproduktionen erhalten zu sein." Rita Jorek findet es bewundernswert, wie vehement und erfolgreich Philippine Wolff-Arndt sich dafür einsetzte, dass Frauen endlich auch studieren durften. „Mir ist es ein Anliegen, sie nicht in Vergessenheit geraten zu lassen."

Philippines Vater staunt nicht schlecht, als seiner Tochter der private Malunterricht so gut gefällt, dass sie hernach begehrt, am Städelschen Institut in Frankfurt am Main studieren zu dürfen. „Die höhere Tochter gehörte selbstverständlich ins Haus", schreibt sie in ihrer Autobiographie *Wir Frauen von einst – Erinnerungen einer Malerin.* Und auch sonst ist ein Studium zu jener Zeit einfach nicht üblich: „Jungen Frauen blieben in Deutschland bis Anfang des 20. Jahrhunderts die Tore von staatlichen Akademien, Kunsthochschulen und Universitäten verschlossen", erklärt Rita Jorek. Doch Philippine setzt sich durch, „denn sie entdeckte eine Lücke im Testament des Institutsstifters, das Frauen nicht explizit von der Immatrikulation ausschloss, was ihr und anderen Bewerberinnen das Kunststudium somit ermöglichte." Der Vater seufzt zwar und konstatiert, wie sie in ihren Erinnerungen schreibt: „Diese Tochter ist verrückt", lässt ihr jedoch den Willen.
Und Philippine malt. Nur Aktdarstellungen sind unerlaubt, das geht dann doch zu weit. „Hinter dem Rücken der Administration wurde das Verbot allerdings in bescheidenem Maße umgangen, natürlich nur mit Übungen am weiblichen Akt, versteht sich", bemerkt die Kunstwissenschaftlerin. „Ansonsten blieben den Frauen Stillleben und Landschaften vorbehalten, was diese Genres als ‚Frauenkunst' abwertete." Doch die Aktmalerei habe Philippine ohnehin nicht so sehr fasziniert: „Ihr größtes Interesse galt dem Porträt und dem Menschen, den sie beim Zeichnen und Malen intensiv betrachtete", erzählt Rita Jorek. „So lernte sie die Lebenssituation von Bäuerinnen und anderen einfachen Leuten kennen, was ihr soziales Gewissen schärfte."
Von dem, was sie sieht, sehr bewegt, besucht sie auch die Tagungen des Allgemeinen Deutschen Frauenvereins und schreibt darüber: „Die dort gehaltenen Reden und Ansprachen hatten zündend bei mir eingeschlagen." Philippine studiert weiter: Vor Meisterwerken in der

Münchner Pinakotek und an der römischen Kunstschule Circolo Chigi vertieft sie ihr Können, dann verliebt sie sich in den späteren Gewandhausmusiker Anton Heinrich Wolff, heiratet und zieht mit ihm nach Leipzig. Drei Kinder werden geboren. „Hier verkehrte sie in Künstler- und Intellektuellenkreisen, lernte unter anderem Max Klinger, Elsa Asenijeff oder Edith Mendelssohn-Bartholdy kennen", hat Rita Jorek recherchiert. „Aus eigener Erfahrung wusste sie, wie schwer es Frauen hatten, die in den Beruf der Künstlerin drängten. Deshalb gründete sie 1896 mit Charlotte Windscheid, geborene Pochhammer, den Künstlerinnenverein in Leipzig, war zunächst zweite und bald bis zu ihrem Umzug nach München im Jahr 1919 erste Vorsitzende." Der Verein bietet Kurse an und organisiert Ausstellungen. Doch das reicht Philippine Wolff-Arndt, wie sie nun heißt, nicht aus: unermüdlich kämpft sie darum, dass Frauen an staatlichen Bildungsanstalten studieren dürfen. Und sie hat Erfolg: „Bereits 1901 konnte sie den neuen Direktor der Königlichen Akademie für Graphik und Buchgewerbe, Max Seliger, davon überzeugen, Frauen zu immatrikulieren." Sie selbst schreibt über ihre Beweggründe: „Mir hatte sich die benachteiligte Stellung der Frau gegenüber dem Manne schon von meiner Künstlerlaufbahn her aufdrängen müssen. Von hier aus lernte ich verstehen, wie dringend das Bedürfnis nach einer anders gestalteten Frauenausbildung und damit der Frauenarbeit geworden war und wie die logische Entwicklung dieser Forderungen auch die Forderung der politischen Gleichberechtigung zur Folge haben musste."

Rita Jorek vor dem Haus Gustav-Adolf-Straße 17, in dem Philippine Wolff-Arndt seit 1910 wohnte.

Rita Jorek findet, dass man das Wirken der Philippine Wolff-Arndt nicht hoch genug schätzen könne. „Durch ihr Engagement machte sie die Leipziger Kunsthochschule zur Vorreiterin des Frauenstudiums." Und für dieses Ziel setzt sie sich auch in der Folgezeit ein:

„Die Malerin, weiter in ihrem Beruf tätig und mit ihren Werken auf Ausstellungen präsent und beachtet, übernahm auch den Vorsitz der Leipziger Ortsgruppe des Vereins für Frauenstimmrecht und gehörte zum Vorstand des Sächsischen Landesvereins im Deutschen Verband für Frauenstimmrecht."

1919 verlässt Philippine Wolff-Arndt Leipzig und zieht zu ihrer Tochter Constanze (1881-1969), die den Juristen und Philosophen Robert Samuel Hallgarten (1870-1924) geheiratet hatte, nach München. „Dort wohnten sie in der Nachbarschaft von Thomas Mann und Bruno Walter und waren mit ihnen auch befreundet, wie überliefert ist" erzählt Rita Jorek. „Constanze Hallgarten gehörte zu den wichtigsten Persönlichkeiten der Internationalen Frauenliga für Frieden und Freiheit IFFF, war somit eine der führenden Frauen in der deutschen und internationalen Friedensbewegung, in der Weimarer Republik von Putschisten und Rechtspopulisten gehasst und verfolgt. Durch ihre Mutter war sie früh mit den Vertreterinnen des radikalen Flügels der Frauenbewegung Anita Augspurg und Lida Gustava Heymann bekannt geworden."

Als die Nationalsozialisten die Macht ergreifen, emigriert Constanze mit ihrer Mutter in die Schweiz und von dort aus nach Frankreich. Philippine Wolff-Arndt kommt vermutlich bei einem Bombenangriff auf die französische Hauptstadt im Jahr 1940 ums Leben.

Erinnerungsorte:

Sie lebte in Leipzig im Brühl 60 und in der Gustav-Adolf-Straße 17.

Eine Gedenktafel wurde für Hedwig Burgheim in der Goldschmidt-Schule angebracht.

Engagierte Reformpädagogin

Opfer des Holocaust

Sie war ungemein fleißig. Sie hatte ein großes Herz und sie stand immer wieder auf: Die Pädagogin mit Leib und Seele lebte ihren Wahlspruch „Wo ein Wille ist, ist auch ein Weg“ auch in schwerer Zeit und engagierte sich nach 1933 unermüdlich in der jüdischen Selbsthilfe. Bis die Nazis sie holten. „Die jüdische Reformpädagogin Hedwig Burgheim gehörte zu den ersten Pädagogik-Studentinnen der 1911 von Henriette Goldschmidt gegründeten Hochschule für Frauen in Leipzig“, sagt die Kulturwissenschaftlerin Gerlinde Kämmerer, die sich seit 1993 mit den Schicksalen historischer Leipziger Frauen beschäftigt.

Familie Burgheim kommt im Jahr 1889 nach Leipzig, da ist die kleine Hedwig zwei Jahre alt. Ihr Vater Martin Burgheim (1859-1923) ist Kaufmann. Hedwig hat noch zwei Schwestern und „alle drei Töchter der liberal gesinnten, assimilierten jüdischen Familie erhielten eine berufliche Ausbildung", wie Gerlinde Kämmerer sagt. Dorothea, die Älteste, studiert am Leipziger Konservatorium, wird Konzertpianistin und folgt ihrem Mann bereits Anfang der 1920er-Jahre in die USA. Martha, die jüngste, macht im Textilgeschäft des Onkels Theodor Bucky in der Katharinenstraße eine Ausbildung. Und Hedwig? „Sie durchlief nach der Höheren Schule eine einjährige kaufmännische Ausbildung, besuchte wissenschaftliche Kurse, darunter eventuell auch die Vortragsreihe des Lyzeums für Damen von Henriette Goldschmidt. Zudem hatte sie Privatunterricht in Französisch und Italienisch", erzählt Gerlinde Kämmerer.

Hedwig Burgheim kurz nach dem November-Pogrom 1938.

Hedwig kann gut mit Kindern umgehen und ist deshalb in den Jahren 1908 bis 1911 beim Verlagsbuchhändler Bernhard Meyer als Gouvernante seiner Töchter in Stellung. „Danach begann sie im Seminar der Fröbel-Pädagogin Henriette Goldschmidt eine Ausbildung zur Kindergärtnerin", erzählt Gerlinde Kämmerer weiter. Und als Henriette Goldschmidt im November 1911 ihre Hochschule eröffnet, die Frauen wissenschaftlich fundierte Ausbildungsmöglichkeiten für soziale, pädagogische, medizinische und naturwissenschaftliche Berufe bietet, gehört Hedwig Burgheim dort zu den ersten Pädagogik-Studentinnen. 1915 schließt sie ihr Studium mit der Note „Sehr gut" ab, widmet sich fortan ihrerseits der Ausbildung von Kinderpflegerinnen in Leipzig und arbeitet als Lehrerin in Grünheide.

„Im Jahr 1918 wurde sie im Fröbelseminar Gießen angestellt, das Kindergärtnerinnen, Hortnerinnen und Kinderpflegerinnen ausbildete. 1920 wurde sie dessen Leiterin. Ab 1921 gehörte die Einrichtung zum Alice-Schulverein für Frauenbildung und Frauenerwerb Gießen„, referiert Kämmerer und erläutert zum Verein: „Gegründet wurde dieser 1878 von Groherzogin Alice von Hessen, Prinzessin von Großbritannien und Irland." An ihrem einstigen Wirkungsort ist Hedwig Burgheim noch heute präsent. Im Gedenken an die bis heute fortwirkende Tätigkeit der jüdischen Pädagogin ehrt die Stadt Gießen mit der Verleihung der Hedwig-Burgheim-Medaille seit 1981 alle zwei Jahre Bürger, die sich um hervorragende Verdienste zur Verständigung und zum Verständnis zwischen den Menschen verdient gemacht haben", ergänzt die Kulturwissenschaftlerin.

„Neben ihren Verpflichtungen als verantwortliche Lehrerin gab sie in vielen Fächern auch selbst Unterricht, so in Pädagogik, Entwicklungspsychologie, Deutsch und Philosophie."

Mit ruhiger Hand führt Burgheim die Schule durch die schwierige Zeit der Inflation „und erweitert sie danach um eine Haushaltungsschule, ein Lehrerinnenseminar für Kindergärtnerinnen, drei Kindergärten und zwei Kinderhorte. Neben ihren Verpflichtungen als verantwortliche Leiterin gab sie in vielen Fächern auch selbst Unterricht, so in Pädagogik, Entwicklungspsychologie, Deutsch und Philosophie", beschreibt Gerlinde Kämmerer Burgheims vielseitige Tätigkeit. Bei ihren Kollegen und Schülern ist Hedwig Burgheim hoch geachtet: Sie besitzt ausgezeichnete Fachkenntnisse, ihr Engagement ist außerordentlich, sie ist tolerant und warmherzig. „Sie fand in ihrem Beruf Erfüllung und Anerkennung", konstatiert die Literaturwissenschaftlerin.

Rund 800 Schülerinnen bildet sie in 15 Jahren aus – dann kommt das Jahr 1933. Die Nationalsozialisten übernehmen die Macht und die so hochgeschätzte Frau wird wegen ihrer jüdischen Herkunft zwangspensioniert. „Sie bekam ein Ruhegehalt, das nur noch 30 Prozent ihres bisherigen Einkommens ausmachte und musste ihre Wohnung im Seminar räumen", beschreibt die Leipzigerin die Folgen. Eine Freundin stellt ihr zwei Zimmer zur Verfügung, im November 1935 kehrt Hedwig Burgheim zurück nach Leipzig zu ihrer Mutter sowie ihrer Schwester Martha und deren Familie; der Vater ist bereits verstorben. Sie erhält das Angebot der Israelitischen Gemeinde, eine jüdische Haushaltungsschule aufzubauen. Und wie in Gießen packt sie auch in Leipzig wieder mit an: „Schon zuvor war sie in Leipzig in der jüdischen Selbsthilfe aktiv geworden, die vor allem auf die Auswanderung vorbereitete, und hatte hier Vorträge für den Jüdischen Frauenbund gehalten", sagt Kämmerer.

„Im Juni 1939 übernimmt sie nach der Auswanderung der ersten Vorsitzenden des Vereins Israelitischer Kindergarten Tagesheim e. V. deren Funktion und 1942 zusätzlich die Leitung des jüdischen Altersheims Nordstraße 15, dessen Leiterin schon deportiert worden war."

„Ab 1937 war die Schule in der Humboldtstraße 13 untergebracht und 1938 erweiterte sie das Angebot um Kurse zur Ausbildung von Kinderpflege- und Haushaltsgehilfinnen sowie zur Kinderpflegerin", so die Leipzigerin. In der Pogromnacht vom 9. auf den 10. November 1938 wird auch diese jüdische Schule zerstört.

Spätestens jetzt begreift Hedwig den Ernst der Lage und stellt einen Ausreiseantrag; die Mutter ist inzwischen verstorben. Zu ihrer Schwester Dorothea will sie, in die USA. Der Antrag wird abgelehnt. Wieder steht sie vor dem Nichts – und noch einmal findet sich eine Lösung: 1939 wird sie von der Höheren Israelitischen Schule, der so genannten Carlebach-Schule, als Lehrerin angestellt. Rund 350 Schüler besuchen die Schule noch, darunter Hedwigs Neffe Rolf Kralovitz (1925-2015; später der einzige Holocaustüberlebende seiner Familie). „Im Juni 1939 übernimmt sie nach der Auswanderung der ersten Vorsitzenden des Vereins Israelitischer Kindergarten Tagesheim e.V. deren

Funktion und 1942 zusätzlich die Leitung des jüdischen Altersheims Nordstraße 15, dessen Leiterin schon deportiert worden war", schildert Gerlinde Kämmerer das weitere Schicksal Burgheims. Hilflos muss Hedwig mit ansehen, wie die Nazis die alten Bewohner abholen und deren persönliche Habe versteigert wird.

Am 17. Februar 1943 wird auch Hedwig Burgheim von der Gestapo verhaftet. Man bringt sie in ein Sammellager in Berlin und von dort aus mit dem „30. Osttransport" nach Auschwitz. Einen Tag nach ihrer Ankunft wird Hedwig Burgheim von den Nazis ermordet. Es ist der 27. Februar 1943.

Erinnerungsorte:

Hedwig Burgheim lebte in der Fregestraße 22, in der Wettiner Straße 9, in der Fregestraße 7 sowie in dem von ihr geleiteten Altersheim in der Nordstraße 15. 1942 brachte man sie in die Michaelisstraße 3, eines der als „Judenhäuser" bestimmten Wohnhäuser in Bahnhofsnähe. Vor ihrem Wohnhaus in der Wettiner Straße 9 erinnert ein Stolperstein an sie. In der Goldschmidtschule ist eine Gedenktafel angebracht. Seit 1996 ist die Hedwig-Burgheim-Straße nach ihr benannt.

Die Wegbereiterin

Stimmrecht für die Frauen

Von ihren Zielen abweichen? Sich einschüchtern lassen? Aufgeben gar?

All das kommt für Louise Otto-Peters nicht infrage. Und wenn sie noch so viel Gegenwind bekommt! Dafür zollt ihr Dr. Sandra Berndt, Vorsitzende der Louise-Otto-Peters-Gesellschaft, allerhöchsten Respekt. „Sie hat jede Menge persönliche Enttäuschungen erlitten, aber davon hat sie sich nicht unterkriegen lassen", sagt die Kultur- und Literaturwissenschaftlerin. „Sie ist ihren Weg einfach gegangen. Immer und immer weiter. Sie hat ihr großes Netzwerk genutzt, um ihr Ziel zu erreichen, von dem sie nie abgewichen ist." Und dieses Ziel heißt: mehr Rechte für Frauen.

Der Lebensweg der Louise Otto beginnt am 26. März 1819, als sie in Meißen als jüngstes Kind des Juristen Fürchtegott Wilhelm Otto (1776-1836) und seiner Frau Christiane Charlotte, geborene Matthäi (1781-1835), das Licht der Welt erblickt. Ihre Schulbildung ist, wie damals für Mädchen üblich, nicht sonderlich umfassend und endet bereits, als Louise 14 Jahre alt ist. Ohnehin ist das unbeschwerte Leben nun bald vorbei, beide Eltern sterben, als sie 16 Jahre alt ist. Eine Tante kümmert sich im elterlichen Haus um sie und ihre Schwestern. Durch das Erbe, das die Eltern ihr hinterlassen haben, ist sie zwar finanziell unabhängig, aber die Trauer um die Eltern wiegt schwer. Die erste Verliebtheit ist von kurzer Dauer: Louise lernt den Juristen und als Literaten in Dresden lebenden Gustav Müller (1809-1841) kennen und verlobt sich mit ihm, doch nach dessen plötzlichem Tod steht sie wieder allein da. Das ist der Moment, in dem sie beschließt, ihr Leben der Schriftstellerei und der Politik zu widmen. Und Louise schreibt. Sie schreibt

Louise Otto-Peters widmete ihr Leben der Politik und der Schriftstellerei.

sozialkritische Romane, Essays, Tagebuch, journalistische Beiträge und Gedichte. Über die Armut der Arbeiterinnen und Arbeiter, über die politisch repressive Stimmung im Land, anfangs veröffentlicht sie unter dem Pseudonym Otto Stern. „Ihre Forderungen wiesen immer zwei zentrale Punkte auf: Frauen sollten arbeiten dürfen und sie sollten Bildung und bessere Arbeits- und Lebensbedingungen erhalten", erzählt Sandra Berndt. Was sie schreibt, gefällt nicht jedem. Die Zensurbehörden zwingen die junge Frau, ihre Werke zu entschärfen. Doch Louise lässt sich nicht einschüchtern. Am Vorabend der Deutschen Revolution von 1848/49 kämpft sie mit spitzer Feder weiter für die Arbeiterinnen. „Sie war inzwischen recht bekannt als Dichterin, Schriftstellerin und Journalistin und ihr Wort fand deshalb auch Verbreitung und Gehör", sagt Sandra Berndt. Als in Sachsen die Arbeiterkommission neu besetzt werden soll, schreibt sie in ihrer berühmten *Adresse eines Mädchens* an die sächsischen Minister Martin Gotthard Oberländer (1801-1868) und Robert Georgi (1802-1869): „Vergessen Sie bei der Organisation der Arbeit die Frauen nicht!", bittet sie die Herren und weist sie auf das Recht der Frauen auf Arbeit und die Notwendigkeit einer Kinderbetreuung hin. Die Minister reagieren auf das Schreiben mit dem nötigen Ernst, laden Louise sogar zum Austausch ein, doch sie erntet auch eine Menge negative Reaktionen – anonyme Briefe zum Beispiel. „Viele Männer, aber auch Frauen, fanden es mit der Keuschheit einer Frau nicht vereinbar, sich so in der Öffentlichkeit zu präsentieren. Vor allem nahm man ihr übel, dass sie in ihren Texten zur weiblichen Arbeitswelt und den Schwierigkeiten als Frau, sich alleine zu ernähren, auch auf Prostitution zu sprechen kam. Dies

Denkmal für Louise Otto-Peters im Leipziger Rosental.

stellte eine Grenzverletzung dar, denn als wohlanständige Frau musste sie sich den Anschein geben, von ‚diesen Dingen' nichts zu wissen", stellt Dr. Kerstin Wolff, Leiterin der Forschungsabteilung bei der Stiftung Archiv der deutschen Frauenbewegung in ihrem Buch *Unsere Stimme zählt!* fest. Allein, Louise weiß sich zur Wehr zu setzen, argumentiert, hält dagegen und lässt sich nicht auch nur ansatzweise unterkriegen. „Sie kämpfte weiter und bedauerte, dass Frauen bei der Frankfurter Nationalversammlung außen vor sind", erzählt Sandra Berndt. Louise schreibt: „Wenn ich auch noch gar nicht vom weiblichen Stimmrecht zu reden wage, aber als Schmach empfand ich es doch, daß Frauen nach wie vor von politischen Versammlungen ausgeschlossen waren u. man sie nur auf den Gallerien duldete." Diese Ansicht teilt der Revolutionär August Peters (1817-1864), dem sie schon seit einiger Zeit schreibt, es entwickelt sich eine innige Beziehung. Doch als Teilnehmer an der Revolution 1848/49 sitzt er sieben Jahre im Gefängnis von Bruchsal, die Verlobung findet in der Haftanstalt statt. Auch Louise steht im Visier, nicht zuletzt, weil sie die *Frauen-Zeitung* unter dem Motto: *Dem Reich der Freiheit werb' ich Bürgerinnen* herausbringt. Als die erste Nummer im April 1849 erscheint, ist der Höhepunkt der bürgerlichen Revolution bereits überschritten, die Kräfte, die die Revolution zurückdrängen, sind auf dem Vormarsch. „Doch sie gab nicht auf", sagt Dr. Sandra Berndt. Sie ermuntert ihre Geschlechtsgenossinnen, sich bei den politischen Umwälzungen einzubringen, fordert eine politische Mündigkeit der Frauen und in der Folge auch ein Wahlrecht.

> ***„Sie hat jede Menge persönliche Enttäuschungen erlitten, aber davon hat sie sich nicht unterkriegen lassen."***

„Es wurde ihr schwer gemacht", fährt Sandra Berndt fort. „Gegen ihre Zeitung wurde angegangen, ihr Haus durchsucht und das sächsische Pressegesetz verschärft." Nach diesem Gesetz ist es Frauen in Sachsen künftig verboten, eine Zeitung oder Zeitschrift herauszubringen. Doch Louise findet einen Weg. Künftig publiziert sie ihre Zeitung außerhalb Sachsens und offiziell durch einen männlichen Herausgeber. Derweil sitzt ihr Verlobter immer noch in Haft, Louise besucht ihn, schreibt, reist. 1856 endlich, wird Peters entlassen, das Paar heiratet zwei Jahre später und zieht 1860 nach Leipzig. August Peters gibt hier die *Mitteldeutsche Volks-Zeitung* heraus, Louise leitet das Feuilleton. Doch das Glück währt nicht lang, die Haft hat August Peters arg zugesetzt, 1864 stirbt er an den Folgen. Ein Jahr nach dem Tod ihres Mannes gründet Louise Otto-Peters gemeinsam mit Auguste Schmidt (1833-1902), Ottilie von Steyber (1804-1870) und anderen den Leipziger Frauenbildungsverein, der, sozusagen als erste Amtshandlung, beschließt, am 15. Oktober 1865 eine deutsche Frauenkonferenz einzuberufen. Die Presse verhöhnt die Veranstaltung als „Leipziger Frauenschlacht", die Damen lassen sich davon nicht beirren und gründen sich mit 300 Mitgliedern. „Auch Männer waren als Ehrenmitglieder zugelassen", sagt Sandra Berndt und ergänzt: „Der Verein gilt als Anfangspunkt der organisierten deutschen Frauenbewegung." Louise obliegt die Ehre, die Gründungsversammlung zu eröffnen. Das tut sie mit den Worten: „Und so eröffne ich die deutsche Frauenconferenz mit dem Wunsche, daß die Begeisterung, die uns bis heute alle Schwierigkeiten überwinden ließ, die sich uns entgegenstellten, fortgesetzt unter uns walte, denn: Nur die Begeisterung allein hat Werth. Die niemals weicht – nur reiner sich verklärt." Louise Otto-Peters wird erste Vorsitzende und es über 30 Jahre bleiben. „Ihren Lebensunterhalt verdiente sie mit dem Schreiben", sagt Sandra Berndt. „Und in ihrem Verein machte sie sich dafür stark, ‚Arbeit, welche Grundlage der ganzen neuen Gesellschaft sein soll, für eine Pflicht und Ehre des weiblichen Geschlechts' zu erklären." Jedwedes Hindernis, das einer eigenständigen weiblichen Erwerbstätigkeit im Wege steht, will sie überwinden. Um dieses Ziel zu erreichen, gründen sich nun in ganz Deutschland lokale Frauenbildungsvereine, die im Allgemeinen Deutschen Frauenverein, kurz ADF, den Louise Otto-Peters gemeinsam mit Auguste Schmidt organisiert, zusammengeschlossen sind. Mit politischen Aussagen sind die Mitglieder jedoch sehr zurückhaltend, ihren Schwerpunkt legen sie nicht mehr auf die politische Emanzipation, sondern darauf, dass die Frauen selbstständig und berufstätig werden. „Durch diese vorsichtige Haltung erreichten sie auch, dass ihr Verein nicht ins Visier gerät, denn in Sachsen war Frauen die Mitgliedschaft in politischen Vereinen verboten", erklärt Sandra Berndt den Hintergrund.

Ein wichtiges Informationsinstrument zwischen den lokal agierenden Frauenvereinen wird die Zeitschrift *Neue Bahnen*, die Louise Otto-Peters und Auguste Schmidt ab 1866 herausgeben.

Kerstin Wolff schreibt: „Auch wenn Louise Otto-Peters sich in späteren Jahren nie wieder so explizit zum politischen Wahlrecht der Frau geäußert hat wie zu Zeiten der Revolution, so darf doch nicht übersehen werden, dass sie eine der ganz frühen Kämpferinnen für das Wahlrecht und die Gründerin der deutschen Frauenbewegung war. Man kann davon ausgehen, dass Louise Otto-Peters zeitlebens die Idee der politischen Partizipation von Frauen nicht aufgegeben hat; sie wartete lediglich darauf, dass die Zeit und die Frauen reif genug für diese Forderungen waren."

Dass Frauen das Wahlrecht und vor allem eine vollständige rechtliche Gleichstellung erhalten, soll Louise Otto-Peters nicht mehr miterleben: Sie stirbt am 13. März 1895 in Leipzig.

Erinnerungsorte:

Louise Otto-Peters lebte von 1860 bis 1864 in der Dresdner Chaussee 293,von 1864 bis 1868 in der Schützenstraße 4 und in den Jahren 1868 bis 1895 in der Kreuzstraße 29. An sie erinnert das Louise-Otto-Peters-Denkmal im Rosental, der Louise-Otto-Peters-Gedenkstein in der Kreuzstraße 31, die Gedenktafel in der Zentrale der Deutschen Bank, der Louise-Otto-Peters-Platz (seit 1934), die Louise-Otto-Peters-Allee (seit 2006) und die Louise-Otto-Peters-Schule, Gymnasium der Stadt Leipzig (seit 2013). Ihr Grabstein befindet sich im Lapidarium des Alten Johannisfriedhofs. Ein Gedenkbaum für Louise Otto-Peters und Auguste Schmidt steht seit 2016 im Friedenspark.

ERSTE FOTOGRAFIN EUROPAS

Eine Karriere hinter der Kamera

Zunächst verdiente sie erfolgreich als Haarklöpplerin ihren Lebensunterhalt – Bertha Beckmann fertigte Schmuckstücke aus Menschenhaar: „Solch kunstvoll geklöppelte Schmuckstücke waren im 19. Jahrhundert begehrt und teuer", ordnet Kulturwissenschaftlerin Gerlinde Kämmerer, deren große Leidenschaft das Erforschen historischer Leipzigerinnen ist, ein. Doch dann kommt die Daguerreotypie, ein spezielles Fotografie-Verfahren, auf. Und für Bertha ist klar: Genau das will sie künftig machen. Sie zögert keine Sekunde, legt die Klöppel beiseite. „Ein ungewöhnlicher Schritt für eine Frau, die zudem schon einen einträglichen, sicheren Erwerbszweig für sich gefunden hatte", urteilt Gerlinde Kämmerer.

Zumal Bertha Beckmann einige Unbequemlichkeiten auf sich nehmen muss, um ihren neuen Beruf auszuüben: Bevor sie mit der Fotografie Geld verdienen kann, muss sie erst einmal in die entsprechende Ausrüstung investieren. Obendrein braucht sie jemanden, der sie in das technisch komplexe Thema, zu dem auch chemische Grundkenntnisse nötig sind, einführt. Doch Bertha Beckmann lässt sich davon nicht abschrecken – und findet in dem böhmischen Porträtmaler und Fotopionier Wilhelm Horn (1809-1891) auch tatsächlich einen kompetenten Lehrmeister, der ihr 1841 das Daguerreotypieren beibringt. Benannt ist die neue Technik nach dem Franzosen Louis Jacques Mandé Daguerre (1787-1851), der 1839 ein Verfahren vorgestellt hatte, mit dem es möglich war, detailgetreue Abbildungen auf Silber- oder Kupferplatten zu fixieren. 1842 wirbt Bertha Beckmann, die zu jener Zeit in Dresden lebt, für ihre Geschäftseröffnung: „Im Dezember 1842 machte sie mit einer Zeitungsanzeige auf sich aufmerk-

Bertha Wehnert-Beckmann war für ihre Porträts berühmt.

sam, in der sie nicht nur Daguerreotypien für Porträts anbot, sondern als erste auch Aufnahmen von Ölgemälden, Kupferstichen und anderen Bildkunstwerken", sagt Gerlinde Kämmerer.

In jener Zeit begegnet sie ihrem späteren Ehemann – Eduard Wehnert (1811-1847), ein Mechaniker und ebenfalls Daguerreotypist aus Leipzig. „Er führte gemeinsam mit seinem Bruder seit 1842 das erste Atelier für Daguerreotypie in Leipzig und wurde wegen seiner Fachkenntnisse von Kunden wie Berufskollegen sehr geschätzt." Die beiden werden ein Liebespaar, Bertha reist aber auf der Suche nach Arbeit trotz ihres Geschäfts viel herum. „Um genügend Kunden zu finden, mussten die ersten Daguerreotypisten reisen. In den Jahren 1843/1844 war Bertha Beckmann in Thüringen unterwegs. Auch in ihrer Geburtsstadt Cottbus bot sie ihre Leistungen an. Sie hat sich dabei wahrscheinlich durch einen Onkel oder Bruder begleiten lassen, um ihren guten Ruf zu wahren", erläutert die Kulturwissenschaftlerin. Im September 1843 wirbt sie erstmals in einer Zeitungsannonce in Leipzig damit, dass ihre Porträts nicht grau, sondern nach der neuesten Methode in den lebhaftesten Farben und in jeder gewünschten Größe gearbeitet werden. „Von der Leipziger Presse wurde sie wegen ihrer künstlerischen Porträts besonders den Damen empfohlen", berichtet Gerlinde Kämmerer. Und so kommt sie dann auch schrittweise nach Leipzig: „Ab Anfang 1844 nutzte Bertha Beckmann für ihre Daguerreotypien den in Lehmanns Garten neuerbauten Glaspavillon von Eduard Wehnert, der in diesem Jahr als einer der ersten Wanderdaguerreotypisten in Böhmens Kurbädern unterwegs war." Und sie würde ja gern ganz nach Leipzig übersiedeln:

Gerlinde Kämmerer an der Gedenktafel für Bertha Wehnert-Beckmann in der Elsterstraße 38.

„Ende des Jahres beantragte Bertha Beckmann die Schutzverwandtschaft, um ihren dauerhaften Aufenthalt in der Stadt zu sichern", schildert Gerlinde Kämmerer die Bemühungen. Doch daraus wird nichts: Selbst ihr nachgewiesenes Vermögen von 600 Talern kann den Rat der Stadt nicht erweichen. „Man bezweifelte, dass sich eine Frau in dem neuartigen Beruf als Daguerreotypistin selbst erhalten könne", erklärt Kämmerer den Grund der Ablehnung. Doch Bertha gibt nicht auf und verweist darauf, dass sie ja auch Haarklöpplerin sei und als solche notfalls ihren Lebensunterhalt bestreiten könne. Sieben Jahre später wird ihr das Bürgerrecht dann schlussendlich zuerkannt. „Sie arbeitete in Wehnerts Gartenatelier in der Burgstraße 8, inserierte aber weiter unter ihrem eigenen Namen", erzählt die Kulturhistorikerin die Geschichte weiter. Am 14. November 1845 läuten in der Thomaskirche die Hochzeitsglocken, die beiden schreiten zum Altar. Ein Ehepaar sind sie nun – und nach wie vor Geschäftspartner: „Auch nach ihrer Heirat mit Eduard Wehnert wurden beim gemeinsamen Geschäftsauftritt immer beider Vornamen genannt. Ein weiteres Zeichen für Bertha Wehnert-Beckmanns Selbstbewusstsein sowie dafür, dass sie als Fotografin bekannt war und einen eigenen Kundenkreis hatte."

Und dann stirbt am 7. August 1847, keine zwei Jahre nach der Hochzeit, Eduard Wehnert ganz plötzlich im Alter von nur 36 Jahren. „Ob sein früher Tod durch den jahrelangen Umgang mit gesundheitsschädigenden Stoffen wie Quecksilber und Zyankali verursacht wurde, kann nur vermutet werden", sagt Gerlinde Kämmerer und merkt an: „Nach knapp zwei Jahren Ehe endete damit eine für das 19. Jahrhundert ungewöhnlich gleichberechtigte Lebens- und Arbeitsgemeinschaft."

Die trauernde Witwe kehrt Leipzig und Deutschland zwei Jahre später für ein Jahr den Rücken: Sie übergibt das Leipziger Geschäft in die Hände ihres Bruders Robert, reist zusammen mit dem jüngeren Bruder Rudolph nach New York und eröffnet hier 1850 als „Mme. Bertha Wehnert Beckmann & Brothers" ein Atelier. Im August 1851 kehrt sie nach Leipzig zurück; ihr Bruder Robert wechselt nach Gera; ihr Bruder Rudolph und dessen Frau werden später Mitarbeiter in ihrem Leipziger Atelier. Die Reise nach New York hat Bertha beeindruckt, ihre Erfahrungen würde sie gern mit anderen teilen und eine

Agentur zur gewerbsmäßigen Beförderung von Auswanderern eröffnen. Doch wieder scheitert sie an den Behörden, die ihr die Konzession nicht erteilen wollen. Einer Frau traut das sächsische Innenministerium die Durchführung eines solchen Gewerbes dann doch nicht zu. Dafür brummt ihr Atelier: „Sie war eine anerkannte Porträtfotografin und ihre Aufnahmen von Kindern werden zu den schönsten der in Deutschland entstandenen gezählt", sagt Gerlinde Kämmerer.

Bertha Wehnert-Beckmann hat es nicht nur zu Ruhm, sondern auch zu einigem Vermögen gebracht und lässt sich 1865 in der Elsterstraße 33, in der Nachbarschaft von Gerhards Garten, eine Villa bauen, wohin sie mit ihrem Atelier umzieht. Gerlinde Kämmerer ordnet ein: „1865 war auch das Jahr, in dem in Leipzig im Februar der Frauenbildungsverein und im Oktober der Allgemeine Deutsche Frauenverein gegründet wurden, die für alle Frauen das Recht auf Bildung und selbstständige Erwerbstätigkeit einforderten. Das waren Ziele, die Bertha Wehnert-Beckmann für sich selbst schon erreicht hatte – durch Klugheit, Begabung, Selbstbewusstsein, Beharrlichkeit, Kreativität und Risikobereitschaft."

Erinnerungsorte:

Bertha Wehnert-Beckmann lebte in der Elsterstraße 33 (heute 38), in der Weststraße 55, in der Weststraße 74 und in der Waldstraße 1. Seit 2000 ist der Bertha-Beckmann-Weg nach ihr benannt. An ihrem Wohn- und Atelierhaus (heute Elsterstraße 38) gibt es seit 2015 eine Gedenktafel.

Erika Zuchold (links) mit ihrer Sportlerkollegin Ursula Trensinger im Jahr 1967.

Flick-Flack am Schwebebalken

Ein Unfall führt zur Liebe

Mexiko-City 1968. Olympische Spiele. Auch eine junge Frau aus Leipzig ist dabei – Erika Zuchold. Mit hochkonzentrierter Miene tritt sie an die Matte, das leuchtende Blau ihres Trikots findet sich in ihrem Haarband wieder, die junge Frau hat sich das blonde Haar zu einem Dutt hochgebunden. Dann beginnt ihre sportliche Darbietung. Ein Flick-Flack auf dem Balken! Der Applaus ist frenetisch. Die Zuschauer sind begeistert, ebenso wie die Sporthistorikerin Dr. Ingeburg Zeidler 50 Jahre später: „Grazie, Charme und Dynamik prägten ihr Turnen", sagt sie. „Sie war eine elegante, beeindruckende Person, eine ungemein erfolgreiche, berühmte Sportlerin. Und trotzdem war sie sehr sensibel und verletzlich."

Erikas Eltern erkennen das große Talent ihrer Tochter schon früh – und melden sie 1959, da ist das Mädchen zwölf, an der Kinder- und Jugendsportschule Leipzig an, zwei Jahre später besucht Erika das dortige Internat. „Sie trainierte diszipliniert, zielstrebig, besaß Ehrgeiz und kämpferische Qualitäten, gleichermaßen Empfindsamkeit und Mitgefühl. Mit schneller Auffassungsgabe folgte sie theoretischen Hinweisen, erfasste Bewegungsabläufe und war mit wenigen Versuchen erfolgreich. Schönheit und Anmut ihres Turnens waren auch begleitet von Ängsten, Entbehrungen und Verletzungen", fasst Ingeburg Zeidler zusammen. Erika wird Mitglied der Nationalmannschaft und nimmt bereits 1963 an internationalen Wettkämpfen teil. Sie ist eine der Besten, bei den DDR-Meisterschaften im Jahr 1964 wagt sie als Erste weltweit den Flick-Flack am Schwebebalken. „Damit setzte sie ein Achtungszeichen im Olympiajahr und wurde international bekannt", erzählt das Mitglied des Fördervereins Sächsisches Sportmuseum Leipzig e. V. Doch dann – ein bitterer Schlag: „Siegreich aus den Ausscheidungskämpfen für die gesamtdeutsche Olympiamannschaft 1964 hervorgegangen, erlitt sie wenige Tage vor der Abreise nach Tokio einen Achillessehnenriss – der Traum der 17-Jährigen von Olympia endete niederschmetternd im Krankenhaus." Jedoch hat eben jener Achillessehnenriss auch sein Gutes, wie sich schnell zeigen wird: In der Reha lernt Erika den erfolgreichen Bahnradsportler Dieter Zuchold (1937-2014) kennen, die beiden verlieben sich ineinander, 1966 folgt die Hochzeit. Nur der innige Wunsch nach Kindern bleibt den beiden versagt.

Und Erika turnt weiter, holt 1966 bei der Weltmeisterschaft in Dortmund Silber im Sprung. Es wird nicht der einzige Erfolg bleiben: „Sie errang bis zur Beendigung der aktiven Laufbahn 1972 insgesamt 14 DDR-Meistertitel, war siebenfache Medaillengewinnerin bei Europa- und fünffache Medaillengewinnerin bei Weltmeisterschaften", zählt Zeidler, die selbst viele Jahre ihres Lebens geturnt hat, auf und fährt fort: „Zweimal vertrat sie ihr Land bei Olympischen Spielen: 1968 in Mexiko-City und 1972 in München, wo sie vier silberne und eine bronzene Medaille, darunter zwei Mannschaftstitel, errang." 1970 wird sie zur DDR-Sportlerin des Jahres gewählt.

Nachdem sie ihre sportliche Karriere beendet hat, unterrichtet sie Sport und Kunsterziehung und arbeitet als pädagogisch-wissenschaftliche Mitarbeiterin im Sportmuseum Leipzig. Seitdem, sagt Ingeburg Zeidler, sei Erika Zuchold eine Suchende gewesen. „Neugierig und willensstark erarbeitete sie sich neue Ausdrucksmöglichkeiten auf bisher unbekannten Lebensfeldern." Vier Jahre lang studiert sie in Abendkursen Malerei, außerdem tritt sie als Unterhaltungskünstlerin auf, steppt, singt, tanzt und begeistert das Publikum. Für ihre Auftritte lässt sie sich unter anderem an der Palucca-Schule Dresden und der Staatlichen Ballettschule Berlin fortbilden. Nach der Wende, in den 1990er-Jahren, entdeckt sie die Literatur und besonders den japanischen Haiku für sich – und sie malt weiterhin, in dem Atelier, das ihr Mann für sie eingerichtet hat. Sie unternimmt Studienreisen nach Kanada und hier „erlebte sie ein ersehntes und tiefempfundenes Einssein mit der Natur, empfing künstlerische Inspirationen und kam mit einem umfangreichen Werk zurück", schildert Ingeburg Zeidler, die selbst eine Grafik von ihr besitzt. Wie schon als Sportlerin erhält Erika Zuchold auch als Künstlerin zahlreiche Auszeichnungen.

Die Liebe zu ihrem Gatten ist zeitlebens stark und innig. Als er 2014 stirbt, schwinden ihr alle Kräfte. Im Jahr 2015 richtet sie noch eine Ausstellung aus und reist nach Paraguay, in der Hoffnung, neue Kraft zu schöpfen – doch diese Hoffnung soll sich nicht erfüllen. Sie stirbt zwei Monate später.

Erinnerungsorte:

Erika Zuchold lebte in Leipzig am Johannisplatz, An der Märchenwiese und in der Kolmstraße 82. Die Leipziger Talentschule des Turn- und Gymnastikclubs ist seit 2006 nach ihr benannt und seit 2018 gibt es in Leipzig-Engelsdorf einen Zucholdweg.

GEORG BROKESCH. LEIPZIG.

Ein Leben für die anderen

Großes Engagement für Lehrerinnen

Johanna Brandstetter ist wohl das, was man eine selbstlose Person nennt. Zumindest bleibt dieser Eindruck haften, wenn Hannelore Rothenburg ihre Geschichte fertig erzählt hat. Die Leipzigerin findet Johanna Brandstetter ungemein faszinierend. Vor allem deshalb, weil sie ihr Leben in den Dienst anderer stellte. „Ihr Leitsatz war, immer für Bedürftige ein Päckchen zu packen und sich um andere zu kümmern, sagt Rothenburg und konstatiert: „Ihr außerordentliches Engagement ermöglichte 1894 die Eröffnung des Lehrerinnenheims in Leipzig. Dank ihrer geschickten Buchhaltung und ihrem großen Einsatz machte sie das möglich."

Johanna Brandstetter wird in der eleganten Königstraße 3 geboren – heute die Goldschmidtstraße 8 – eine Gegend, die wohlhabend und vom Verlagswesen geprägt ist: „In diesem Viertel wohnten Buchhändler, Verleger, Druckereibesitzer wie Ernst Keil, Max Abraham und Henri Hinrichsen, aber auch die Familie Mendelssohn Bartholdy", stellt Hannelore Rothenburg die Nachbarschaft vor. „Johanna war ein zartes, häufig kränkelndes Kind, weshalb ihre Eltern sie oft zur Erholung aufs Land schickten." Das Rittergut Rüben der Großeltern sei dafür bestens geeignet gewesen, außerdem reist die Kleine zur Genesung in die Schweiz.

Der Vater, als Mitglied des aufstrebenden Bürgertums, legt großen Wert auf die Bildung aller seiner Kinder, Söhne wie Töchter. „Sohn Richard übernahm den väterlichen Verlag, und das Gebäude in der Dresdner Straße 11-13 erinnert heute noch an die Buch- und Musikaliendruckerei Oscar Brandstetters, des zweitgeborenen Sohnes. Johanna und ihre jüngere Schwes-

Johanna Brandstetter kümmerte sich zeitlebens um andere.

ter Amalie besuchten das private Unterrichts- und Fortbildungsinstitut für Mädchen, das von Ottilie von Steyber gegründet worden war", sagt die Pädagogin. Dort werden die Schülerinnen bis zur 10. Klasse vor allem in Deutsch, Rechnen, Religion, Geschichte, Naturkunde, Musik und Sport unterrichtet.

Eine von Johannas Lehrerinnen ist Auguste Schmidt (1833-1902). Durch sie lernt das Mädchen Frauen kennen, die ein erklärtes Ziel haben: Anderen Frauen durch Vorträge und regen Austausch zu mehr Bildung zu verhelfen und so deren Unabhängigkeit durch Erwerbstätigkeit zu fördern. Im 1865 gegründeten Frauenbildungsverein gibt es auch eine Sonntagsschule für konfirmierte Mädchen, in der den Schülerinnen unter anderem das Rechnen mit Buchführung beigebracht wird. „Die Kurse fanden im von Steyber' schen Institut statt und es ist sehr wahrscheinlich, dass Johanna hier ihre Kenntnisse erworben hat, die sie später beim Einrichten des Lehrinnenheimes und als Kassiererin des Allgemeinen Deutschen Frauenvereins benötigte", sagt Hannelore Rothenburg.

Als Ottilie von Steyber im Jahr 1870 stirbt, tritt Auguste Schmidt in ihre Fußstapfen und Johanna wird organisatorische Mitarbeiterin im Frauenbildungsverein. „In Anerkennung dieser Tätigkeit wurde Johanna Brandstetter später, auf der Generalversammlung des Vereins 1893, in den Vorstand gewählt und gehörte diesem bis zum Ausscheiden aus gesundheitlichen Gründen mehrere Jahre an", erzählt Hannelore Rothenburg weiter.

Durch ihr Elternhaus ist Johanna wohlhabend – ihr Geld will sie für Dinge verwenden, von denen sie überzeugt ist. Und überzeugt ist sie vom 1888 gegründeten Leipziger Lehrerinnenverein, in dem ihre ehemaligen Lehrerinnen Mitglied sind. „1892 spendete sie dem Verein 10.000 Mark für eine Stiftung, aus der bedürftige Lehrerinnen unterstützt werden sollten", erzählt die Leipzigerin. Und „als der Verein 1893 den Beschluss fasste, ein Heim zu gründen, in dem die Lehrerinnen preiswert leben und sich außerdem in der Bibliothek fortbilden können, zögerte Johanna Brandstetter nicht, die Vorbereitungen mit Damen aus ihrem Bekanntenkreis zu übernehmen", berichtet Rothenburg. „Sie hat sich auch um die vorwiegend aus Spendengeldern bestehende finanzielle Kalkulation gekümmert." Das Lehrerinnenheim ist auch deshalb so wichtig, weil die Lehrerinnen ja unverheiratet sein müssen – also keinen Mann haben, der für sie sorgt – und keinen Pensionsanspruch besitzen. Bei der Eröffnungsfeier des Lehrerinnenheims in der Hohen Straße 35 Ende September 1894 wird Johanna von der Vorsitzenden des Leipziger Lehrerinnenvereins, Rosalie Büttner (1846-1913), dann auch entsprechend gelobt: „Vor allem aber drängt es mich, Ihnen verehrtes Fräulein Brandstetter, die Sie das ganze Unternehmen geleitet haben, den herzlichsten Dank der Lehrerinnen darzubringen [...] Sie haben in diesem Jahre auf alles verzichtet, was sonst Ihr Leben verschönerte und hatten nur das eine Ziel, die Gründung des Lehrerinnenheimes, vor Augen." Johanna Brandstetter bekommt zum Dank nicht nur schöne Worte, sondern sie wird auch Ehrenmitglied im Lehrerinnenverein, für den sie sich nach wie vor engagiert einsetzt: „Unter ihrer Leitung verwaltete das Heimkomitee die Räume, die Bibliothek und den Mittagstisch noch vier Jahre, dann übernahm der Verein selbst die Weiterführung", sagt Hannelore Rothenburg. Stark im Einsatz ist Johanna Brandstetter auch für den 1865 gegründeten Allgemeinen Deutschen Frauenverein (ADF). „Wann sie in den Verein eintrat, ist nicht bekannt. Aber im Bericht vom 25-jährigen Jubiläum des ADF 1890 ist nachzulesen, dass sie eine Grußbotschaft geschickt hat", hat die Leipzigerin recherchiert. Und bekannt ist auch, dass sie auf der Generalversammlung des ADF in Nürnberg im Jahr 1893 in den neuen erweiterten Vorstand als Beisitzerin gewählt wird und später die Aufgabe der Kassiererin übernimmt. „In dieser Funktion hat sie dafür gesorgt, dass über Stipendien auch weniger betuchte Mädchen die gymnasialen Kurse des ADF besuchen konnten", sagt Rothenburg und fährt fort: „Diese Aufgabe war sehr anspruchsvoll. Immerhin ging es um die Verwaltung des Vereinsvermögens, der Mitgliedsbeiträge, der Stiftungen und Wertpapiere sowie die Verteilung von Zuschüssen für die Gymnasialkurse in Leipzig und die Stipendienvergabe für Schülerinnen und Studentinnen. Johanna Brandstetter bemühte sich immer wieder, möglichst viele Stipendien zur Verfügung stellen zu können, mit den Stipendiatinnen persönlichen Kontakt zu pflegen und mitunter auch zusätzliche Spenden einzuwerben. Das alles brachte ihr eine hohe Anerkennung im Vorstand sowie bei den Mitgliedern des ADF ein."

Eine ihrer ersten Aufgaben als Kassiererin ist die Veranstaltung einer Spendenaktion zur Errichtung eines Denkmals für Louise Otto-Peters (1819-1895) gewesen, das 1900 eingeweiht werden konnte. Unermüdlich setzt sie sich für das ein, woran sie glaubt. Bis ihr Körper irgendwann nicht mehr will: „Gesundheitliche Probleme zwangen sie leider immer wieder, in Sanatorien neue Kraft zu schöpfen. Die Zeit arbeitete gegen sie und so entschloss sie sich, am 1. Oktober 1904 das Amt niederzulegen und auch aus dem Vorstand auszuscheiden", erzählt Hannelore Rothenburg das Kapitel der Johanna Brandstetter im ADF zu Ende.

Johanna Brandstetter hat nie geheiratet und sie hatte auch nie ein leibliches Kind. Aber 1888 hat sie Marie Kröhne (1880-um 1972), ein achtjähriges Waisenkind, aufgenommen, gleich nachdem sie ihre erste eigene Wohnung bezog. „Sie gab dem Mädchen ein Zuhause und sorgte für eine gute Ausbildung", sagt Hannelore Rothenburg. „Den Abschluss des Studiums ihrer Pflegetochter, die als eine der ersten Hochschulabsolventinnen ihre Dissertation 1908 an der Leipziger Universität erfolgreich einreichte, erlebte die Pflegemutter jedoch nicht mehr. Johanna Brandstetter starb während eines Kuraufenthaltes an Lungenentzündung."

..

Erinnerungsorte:

Johanna Brandstetter ist mehrmals umgezogen. Heute existieren nur noch die Adressen Goldschmidtstr. 26 (ehemals Königstr.) und Beethovenstr. 31.

Hope Bridges Adams Lehmann scheute sich nicht, in Männerkleidung zu studieren: Dann, so ihr Gedanke, würde sie weniger auffallen.

Für die Freiheit in den Knast

Studium in Männerkleidung

Um nicht aufzufallen, trug sie während des Studiums Männerkleidung: Hope Bridges Adams Lehmann schloss 1880 als erste Frau an der Universität Leipzig ein Medizinstudium mit Staatsexamen ab, wurde erste praktische Ärztin und Gynäkologin Münchens, engagierte sich als Friedensaktivistin und trat für die Gleichberechtigung der Frauen ein. „Ich finde diese Frau sehr faszinierend", sagt die Germanistin Dr. Sandra Berndt. „Sie war verheiratet, bekam Kinder, hat aber immer gearbeitet und sich für die Abtreibung und die Selbstbestimmung der Frau eingesetzt." Und dafür musste sie ins Gefängnis.

Ihre Prägung für mehr Selbstbestimmungsrechte der Frau bekommt sie schon von ihrem Elternhaus mit: Hopes Vater, der Ingenieur, Konstrukteur und Publizist William Bridges Adams (1797-1872) ist ein glühender Feminist. Als er stirbt, zieht Hope gemeinsam mit der Mutter Ellen Adams, geborene Rendall, nach Dresden und lässt sich zur Lehrerin ausbilden, um sich anschließend, im Wintersemester 1876/77, als Gasthörerin an der Universität Leipzig einzuschreiben. Hier ist sie ein Exot: „Unter den Leipziger Gasthörerinnen war Marie von Oertel aus Odessa seit 1875/76 neben Hope Adams die einzige Frau an der Medizinischen Fakultät", sagt Sandra Berndt. „Beide Frauen teilten sich auch die unmittelbare Wohnnachbarschaft im medizinischen Viertel." Die Leipziger Medizinische Fakultät sei in den 1870er-Jahren dem Frauenstudium gegenüber durchaus aufgeschlossen gewesen, aber: „Ein Senatsbeschluss verhinderte die reguläre Immatrikulation von Frauen", erklärt die Germanistin. „Dies geschah erst 1906, als sich 27 Studentinnen zunächst an der Philologischen und Medizinischen Fakultät offiziell immatrikulieren durften."

Hope Adams geht ihren Weg: 1880 legt sie – ohne Immatrikulation – das medizinische Staatsexamen ab. Der Weg dahin war aber hart und steinig gewesen: „Weder die Fürsprachen des britischen Konsuls noch diejenigen der Kaiserin Augusta bewirkten zunächst eine Zulassung zum Examen; einzig die Kulanz der Professoren führte dazu, dass ihr ein Zeugnis ausgestellt wurde", sagt Sandra Berndt. Ganz erreicht die junge Medizinerin ihr Ziel jedoch nicht: „Die Approbation als Ärztin und der Doktorgrad bleiben ihr verwehrt. Zur Promotion weicht sie nach Bern aus." Im Jahr 1881 legt sie in Dublin die britische Abschlussprüfung ab, woraufhin sie die Approbation als Ärztin erhält. Die deutsche Zulassung hat sie damit jedoch nicht und als sie noch im selben Jahr beginnt, in Deutschland als dritte akademisch qualifizierte Medizinerin zu praktizieren, tut sie das gezwungenermaßen ohne Zulassung und als ‚Kurpfuscherin'. „Erst 1904 wurden ihr infolge politischer Interventionen der bayrischen Staatsregierung das deutsche

Staatsexamen anerkannt und das Tragen des Doktortitels nachträglich gestattet", gibt Dr. Sandra Berndt einen Einblick.

Dieses Kapitel ihres Lebens spielt sich aber schon nicht mehr in Leipzig ab: Seit Juni 1881 lebt Hope Adams in Frankfurt am Main, wo sie im Jahr 1882 den Mediziner Otto Walther (1855-1919) heiratet und mit ihm eine Gemeinschaftspraxis führt. Hope wird Mutter, 1884 kommt ihr Sohn zur Welt und 1886 wird ihre Tochter geboren. Sie praktiziert weiter, dann aber erkrankt sie an Tuberkulose. Das Ziel der Medizinerin ist nun, sich selbst von ihrem Leiden zu heilen, sie verordnet sich Höhenluft, Wandern, Schonung und gezielte Gewichtszunahme. Ihr Therapieplan geht auf, Hope gesundet wieder. Und entwickelt eine Geschäftsidee: Was ihr hilft, denkt sie, hilft doch sicherlich auch anderen. „Diese Erfahrungen setzte das Ehepaar bis 1893 gemeinsam in einem modernen, noch heute bestehenden Lungensanatorium in Nordrach im Schwarzwald um", erzählt Sandra Berndt. Die Eröffnung dieses Sanatoriums bedeutet allerdings gleichermaßen das Ende ihrer Ehe, denn hier, im romantischen Schwarzwald, verliebt sich Hope Adams Walther in den zehn Jahre jüngeren Mediziner Carl Lehmann (1865-1915). Es ist ihr ernst, sie lässt sich von ihrem Mann scheiden, heiratet Lehmann und zieht mit ihm nach München – auch mit ihm arbeitet sie zusammen in einer Praxis. „Die verschiedenen Freundeskreise der Lehmanns zeigen ein breites Spektrum an politischer, medizinischer, sozialer und gesellschaftlicher Tätigkeit, die sich in persönlichen Bekanntschaften und Freundschaften manifestierten", erzählt die Germanistin weiter. „Auch mit ihrem zweiten Ehemann engagierte sich die sozialdemokratische Ärztin für die Verbesserung der medizinischen Versorgung der Armen und der Arbeiterbevölkerung, insbesondere der Frauen." Und wie schon in Leipzig, steht sie auch in München in engem Kontakt zur Frauenbewegung, unter anderem zählen Anita Augspurg (1857-1943) und Lida Gustava Heymann (1868-1943) zu ihren Freundinnen.

Um ihr breites Wissen im medizinischen Sektor vielen Frauen zugänglich zu machen, veröffentlicht sie im Jahr 1896 *Das Frauenbuch. Ein ärztlicher Ratgeber für die Frau in der Familie und bei Frauenkrankheiten*", in dem sie grundlegende und moderne Hinweise zur Gesundheitsfürsorge und zu medizinischem Grundwissen vermittelt. „Ganz besonders finde ich übrigens auch ihre Ideen zur Kindererziehung", merkt Sandra Berndt an: „Sie war ja selbst zweisprachig aufgewachsen und verfolgte die Idee, Kinder in einem bilingualen Versuchskindergarten spielerisch mit Lesen und Schreiben vertraut zu machen." Und auch für ein Frauenkrankenhaus hat sie sich eingesetzt. Ebenso wie für Geburtenkontrolle und die Legalisierung von Abtreibungen, was ihr 1914 eine Anklage wegen „fortgesetzten Verbrechens wider das Leben" einbringt. All das macht ihr zu schaffen: „Sie ging aus dem Prozess 1915 zwar straffrei, aber moralisch und gesundheitlich angeschlagen hervor", erzählt Sandra Berndt weiter. „Als im April 1915 ihr Mann Carl Lehmann im Ersten Weltkrieg an einer Blutvergiftung starb, verlor sie einen ihrer engsten Unterstützer, dem sie anderthalb Jahre später folgte."

„Ganz besonders finde ich übrigens auch ihre Ideen zur Kindererziehung."

....

Erinnerungsorte:

Dr. Hope Bridges Adams Lehmann lebte in der Sidonienstraße 39/40 (heute: Paul-Gruner-Straße), in der Nürnberger Straße 55 und in der Sternwartenstraße 26. Seit 2009 ist der Adamsweg in Leipzig-Probstheida nach ihr benannt.

Dieses Porträt der eigenwilligen und kreativen Elsa Asenijeff wurde 1904 von Max Klinger gezeichnet.

EXPRESSIONISTISCHE DICHTERIN

Vergessen und wieder entdeckt

Was für eine erschütternde Biografie, was für ein ereignisreiches Leben einer eigenwilligen, schöpferisch tätigen Frau. Einst in Künstler- und Schriftstellerkreisen sehr geschätzt, starb sie schließlich entmündigt und verarmt. Die Literaturwissenschaftlerin Rita Jorek hat sich intensiv mit der Dichterin befasst, hat über sie recherchiert, unzählige Briefe transkribiert, Mosaiksteinchen an Mosaiksteinchen gesetzt. Sie sagt: „Ich will sie als Dichterin, als feministische Schriftstellerin und Philosophin dem Vergessen entreißen."

Elsa Maria Packeny, wie sie damals heißt, wird als Kind einer bürgerlichen Familie in Wien geboren. Ihr Vater, Karl Packeny (1841-1889), ist Direktor der österreichischen Südbahn, die Familie gehört den Beamten- und Offizierskreisen der k&k-Doppelmonarchie an.

Elsa erfährt eine gute Ausbildung: Sie besucht die Volks- und Bürgerschule, dann die Lehrerinnenbildungsanstalt. Die enge Beziehung zu ihren Großeltern Adametz beschert ihr eine wunderschöne Kindheit, diese „war wie ein einziger, seliger Tag gewesen", zitiert Rita Jorek aus Asenijeffs Buch *Hohelied an den Ungenannten* und hebt hervor, dass dort, wie in ihren meisten Werken, viel Biographisches zu erfahren sei. „Die Großmutter sprach mit ihr über alles, was um sie geschah, über die Familie, die Vorfahren, von Reisen und Übersiedlungen. Mit ihrer Stimme und ihrem Klavierspiel verzauberte sie das Mädchen, und der Großvater, ein studierter Mann, lehrte sie die Sternbilder am Himmel erkennen."

„Die Großmutter sprach mit ihr über alles, was um sie geschah, über die Familie, die Vorfahren, von Reisen und Übersiedlungen. Mit ihrer Stimme und ihrem Klavierspiel verzauberte sie das Mädchen, und der Großvater, ein studierter Mann, lehrte sie die Sternbilder am Himmel erkennen."

Mit dem Reifezeugnis der Lehrerinnenbildungsanstalt kann sie studieren. Frei will sie sein, unabhängig, lernen und schreiben. 1888 lässt sie sich am Wiener Städtischen Pädagogikum immatrikulieren. Doch schon im folgenden Jahr stirbt ihr Vater in Meran an einer Lungentuberkulose, „deshalb musste Elsa als älteste der drei Töchter heiraten und das Studium aufgeben, denn eine Hinterbliebenenrente, so es sie gab, reichte nicht aus", konstatiert Rita Jorek. Das ist dann auch das Ende der schönen, hoffnungsvollen Zeit in vertrauter Umgebung. Ihren Mann, den elf Jahre älteren bulgarischen Ingenieur und Diplomaten Ivan Johannis Nestoroff (1855-1916), liebt sie nicht, Elsa muss die eigene Heimat verlassen und ihm nach Sofia folgen. „Der erste Sohn Asen starb bald nach der Geburt; ihr Pseudonym Asenijeff erinnert an ihn." Elsa ist in der Ehe nicht glücklich, später lässt sie sich scheiden, sie strebt fort aus der Enge des Hausfrauendaseins, will studieren und schreiben. „Ähnliche Frauenschicksale schildert sie in ihren Werken", erzählt die Biographin und zitiert den ersten Satz der

Erzählung *Sie* von 1896: „,Endlich war es ihr erlaubt! Sie durfte lernen! Sie durfte frei sein!' und ihrem – wie Asenijeff sarkastisch schreibt – ,verhängnisvollen Erkenntnisfieber' frönen."

Die Autorin setzt ihren Willen durch und wird im Herbst 1895 Gasthörerin an der Leipziger Universität, wo sie ein Studium der Philosophie und der Psychologie aufnimmt. „Als Ausländerin war ihr das nach sächsischem Gesetz möglich, deutsche Studentinnen durften sich erst ab 1906 immatrikulieren", sagt Rita Jorek. „In Leipzig veröffentlicht sie schon 1896 ihr erstes Buch: *Ist das die Liebe. Kleine psychologische Erzählungen und Betrachtungen,* nachdem sie bereits mit Zeitschriftenbeiträgen hervorgetreten war." Auf die Frage zum Anliegen, zur Thematik der Schriftstellerin verweist Jorek auf einen langen Brief, den Asenijeff gleich zu Beginn ihrer Studienzeit an Professor Karl Wilhelm Bücher (1847-1930) schrieb, nachdem sie seinen Vortrag zur Berufstätigkeit der Frauen gehört hatte. Dieser Brief enthalte „ihre ganze Empörung darüber, wie sehr Frauen bei Ausbildung, Studium und Berufstätigkeit eingeschränkt, ja sogar ausgeschlossen waren, wodurch Fähigkeiten und Selbstbewusstsein verkümmerten." Jorek berichtet weiter, dass sich ihre Protagonistin mit dem philosophischen Werk *Aufruhr der Weiber und das Dritte Geschlecht* oder der Romanbiographie *Tagebuchblätter einer Emancipierten* prominent in die um die Jahrhundertwende heiß diskutierte Frauenfrage einmischt, sich darin mit Nietzsches (1844-1900) Spruchweisheiten und mit dem Leipziger Nervenarzt Paul Julius Möbius (1853-1907) auseinandersetzt, dessen Schrift *Über den physiologischen Schwachsinn des Weibes* den Gegenpol zu ihren Tagebuchblättern in Leipzig kurz nach der Jahrhundertwende bildet.

Es muss um Ende 1897, Anfang 1898 gewesen sein, als sich Elsa Asenijeff, offiziell Elsa Nestoroff, und der Maler, Grafiker, Bildhauer Max Klinger (1857-1920) begegnen und er sie in einem Brief ohne Datum in sein Atelier einlädt, um ihr Entwürfe zum „Beethoven" zu zeigen. Sie verlieben sich leidenschaftlich, wovon seine Porträts, zahlreichen Briefe sowie Gedichte von ihr zeugen. Die Leipziger Öffentlichkeit erfährt davon nichts, ebenso wenig wie von der Geburt der gemeinsamen Tochter Désirée, die in Paris, wo sie während eines mehrmonatigem Aufenthalts von Elsa und Max das Licht der Welt erblickt, bei einer Pflegemutter aufwächst. Mit Klinger reist sie nach Spanien und nach Italien, wo sie mit ihm im Auftrag des Künstlerbundes die Villa Romana als Stipendienaufenthalt für Künstlerinnen und Künstler einrichtet. Elsa und Max reisen noch weiter: nach Wien und nach Paris zu ihrer Tochter. „Diese Gemeinsamkeit war ein gegenseitiges Geben und Nehmen auf geistiger und künstlerischer Ebene, auch dann noch, als Klinger sich sexuell einem jungen Mädchen zuwandte, das sein Modell wurde", berichtet Jorek und zählt auf: „Asenijeff schrieb für Zeitungen und Zeitschriften, ein wichtiges Buch über Klingers große Beethovenskulptur, veröffentlichte Kunstmärchen und die psychologisch fein nuancierte Novelle *Die Schwestern*. In Lesungen stellte sie ihre Werke vor. Zu Klingers 50. Geburtstag entstand der Prachtband *Epithalamia* mit ihrem Text und seinen Rahmenzeichnungen."

Um 1909 studieren in Leipzig junge Männer, die heute zu den bedeutenden expressionistischen Schriftstellern zählen: Walter Hasenclever (1890-1940) und Kurt Pinthus (1886-1975). Sie lernen Elsa Asenijeff kennen, verehren und besuchen sie, finden sich in ihrer unangepassten Lyrik, ihren verwegenen Gedanken und Bildern bestätigt. 1912 publizieren sie gemeinsam Gedichte in dem Heft *Neuer Leipziger Parnass* für den Leipziger Bibliophilenabend. „Das war die Geburt des Leipziger literarischen Expressionismus", berichtet Rita Jorek und erzählt von Elsas Bekanntschaft mit dem Dresdner Fabrikanten Karl August Lingner: „Er war nach Nietzsche und Klinger Asenijeffs neuer Held und Inspirator, dessen unternehmerische Tatkraft und Genialität sie in neuen Gedichtbänden preist."

In noch schönster Friedenszeit eröffnet im Mai 1914 die Internationale Graphik- und Buchkunstausstellung auf dem Leipziger Messegelände, an der sowohl Klinger als auch Asenijeff mitwirken. Der Erste Weltkrieg, der bald darauf ausbricht, tötet viele hoffnungsvolle Menschen, er dezimiert Asenijeffs Wirkungskreis. Eindringlich schildert Jorek die Situation, in der sich die österreich-ungarische Schriftstellerin in dieser nationalistisch aufgeheizten Zeit befand: „Bekannte waren fortgezogen oder im Krieg, Tochter Désirée unerreichbar, quasi im Feindesland." Die Forscherin fand Briefe und Notizen aus dieser Zeit als Hinweise dafür, dass Asenijeff und Klinger auch nach ihrer Trennung einander verbunden blieben. Erst nach seinem Schlaganfall im Oktober 1919 werden sie und selbst seine Geschwister nicht mehr zu ihm gelassen. Eine Notheirat mit seinem Modell wird arrangiert und sie zur Alleinerbin eingesetzt. Max Klinger stirbt am 4. Juli 1920.

Elsa Asenijeff ist manchem ein Dorn im Auge. Sie wird entmündigt, Ende August 1923 in die Universitätsnervenklinik transportiert und dort gegen ihren Willen festgehalten. Ihre Einsprüche und Eingaben bewirken nichts. Im Gegenteil: Alles, was sie sagt und tut, wird zu ihren Ungunsten gedeutet. Sie kommt in die Landesheil- und Pflegeanstalt Leipzig-Dösen, dann nach Hubertusburg. Rita Jorek kennt die umfangreiche Krankenakte und weiß deshalb: „Sie wurde ohne stimmige Diagnose hin- und her geschoben, schließlich konnte sie nicht entlassen werden, weil sie keine Existenzgrundlage mehr und keine Angehörigen in Deutschland besaß. Glücklicherweise sorgte der in die Landesverwahranstalt Bräunsdorf versetzte Direktor Schmidt dafür, dass sie dorthin und sozusagen unter seine Fittiche kam. Er bewahrte sie vor der Vergasung in Pirna Sonnenstein, ein Schicksal, dem Insassen anderer Anstalten ausgeliefert waren. Am 5. April 1941 starb sie in Bräunsdorf."

Siebzig Jahre später entstand durch den Einsatz von Rainer Hageni ein Denkmal für die Schriftstellerin auf dem Bräunsdorfer Friedhof. Den Sandstein-Obelisk mit ihrem Namenszug unter dem Relief eines zerbrochenen Herzens, fertigte der Bildhauer Olaf Klepzig. Auf der Rückseite gibt eine Bronzetafel Auskunft über Asenijeffs Lebens- und Schaffenszeit.

....

Erinnerungsorte:

Elsa Asenijeff lebte in der Schwägrichenstraße 11, in der Dufourstraße 18, in der Windmühlenstraße 44 und zuletzt in der Landes-, Heil- und Pflegeanstalt Dösen. An ihrem einstigen Wohnhaus in der Schwägrichenstraße erinnert seit 2018 eine Gedenktafel an sie.

Erste Gesangslehrerin

Musiziert bis zum Mutterglück

Felix Mendelssohn Bartholdy war begeistert! Am 30. Oktober 1835 schrieb er an seine Eltern und Geschwister in Berlin: „Man könnte sich über die Ohren verlieben." Allerdings nur dann, schränkte der Musiker ein, „wenn sie nur hübsch und jünger sein wollte." Henriette Grabau wollte vielleicht schon. Aber so einfach ist das ja nicht mit dem hübscher und jünger werden. Immerhin, schrieb Felix Mendelssohn Bartholdy (1809-1847): „Sie ist eine von den wenigen ächt musikalischen Sängerinnen, die ich kennen gelernt habe, sie könnte auch nebenbei das Orchester dirigieren, oder Clavier oder Harfe spielen, wenn sie wollte." Die Historikerin Doris Mundus mag diese Worte Mendelssohns ausgesprochen gern – es ist ihr Lieblingszitat in Bezug auf die Sopranistin. Sie erklärt: „Henriette Grabau war Hauptsängerin der Gewandhauskonzerte, Publikumsliebling und die erste Gesangslehrerin am 1843 von Mendelssohn gegründeten Konservatorium in Leipzig."

Henriettes Vater Johann Christian Lebrecht Grabau (1780-1852) ist musikbegeistert. Das muss er auch sein, denn sonst hätte er seinen Beruf verfehlt. „Er war Lehrer und Organist am Kirchspiel der Liebfrauenkirche in Bremen", sagt Doris Mundus. Den Klavier- und Gesangsunterricht von Henriette und ihren vier Geschwistern nimmt er selbst in die Hand, wobei Henriette schon früh durch ihr großes Talent und ihre schöne Stimme auffällt und deshalb bei Musikdirektor Friedrich Wilhelm Riem (1779-1857) Unterricht bekommt. Später wird sie dann auch von dem Sänger und Gesangslehrer Johann Alois Miksch (1765-1845) unterrichtet. Durch ihn kommt sie

Henriette Grabau-Bünau sang, bis sie Mutter wurde.

nach Leipzig: „Er unternahm 1826 mit ihr eine Reise in die sächsiche Stadt, um seiner begabtesten Schülerin einen Auftritt am berühmten Gewandhaus zu ermöglichen“, erzählt Doris Mundus. „Henriette sang im 21. Abonnementskonzert, am Donnerstag, 16. März 1826, unter Gewandhausdirektor Johann Philipp Christan Schulz eine Arie aus *Zelmira* von Gioachino Rossini.“ Die Zuschauer sind ebenso begeistert wie die Konzertdirektion: „Sie wurde sofort für den folgenden Konzertwinter engagiert und blieb für zwölf Jahre, davon die letzten drei unter Felix Mendelssohn Bartholdy, Hauptsängerin der Gewandhauskonzerte und erklärte Lieblingssängerin des Publikums“, so die Historikerin weiter.

Wenn Felix Mendelssohn Bartholdy es auch bedauert haben mag, dass Henriette nicht jung und hübsch genug sei, um sich zu verlieben, der Leipziger Kaufmann Julius Alexander Bünau (1809-1871) scheint das nicht so zu sehen und verliebt sich durchaus; er gibt ihr am 2. April 1837 das Jawort – und macht Karriere: „Ab Mitte der 1840er-Jahre wurde er Teilhaber der Leipziger Firma J. B. Limburger, Seidenwaren“, sagt Doris Mundus.

Da hatte sich seine Angetraute schon von der Bühne zurückgezogen: „Ihren letzten Auftritt gab sie am 21. März 1839 im Schlusskonzert der Saison, bei dem sie die Solopartien im 42. Psalm von Mendelssohn und im ‚Frühling‘ aus den ‚Jahreszeiten‘ von Joseph Haydn sang“, fährt die musikbegeisterte Historikerin fort. Der zweite Grund für ihren Rückzug von der Bühne: Henriette ist Mutter geworden, am 13. April 1838 erblickte ihre Tochter Helene das Licht der Welt. „Und“, sagt Mundus, „öffentliche Auftritte waren für verheiratete Frauen nicht möglich beziehungsweise nicht üblich.“ Privat sei Henriette Grabau-Bünau allerdings noch oft aufgetreten. Und: „Sie unterstützte auch bis zu ihrem frühen Tod angehende junge Sängerinnen mit Rat und Tat.“

Erinnerungsort:

Henriette Grabau lebte in der Klostergasse 11.

Die Frau, an die diese Gedenktafel erinnern soll, ist heute kaum noch jemandem ein Begriff.

Der Moderne Roman

Vergessene Bestseller-Autorin

„Wie schade", sagt Sylvia Kolbe und berührt die Gedenktafel, die seit 2013 an der Hauswand hängt. „Wie schade, dass quasi kaum jemand diese Tafel wahrnimmt. Und wie schade, dass auch diese Schriftstellerin in Vergessenheit geriet. Die Leipzigerin Christiane Benedikte Naubert ist die Begründerin des modernen historischen Romans, und ihre Romane waren zu ihrer Zeit Bestseller. Sie hat im Vorgängerbau dieses Hauses gelebt."

Christiane Benedikte wächst in einer Professorenfamilie auf und erhält eine umfassende Bildung. „Ihr Vater, Dr. Johann Ernst Hebenstreit (1702-1757), war Medizinprofessor an der Leipziger Universität. In Professorenfamilien wurde Wert auch auf die Bildung von Töchtern gelegt. Er starb allerdings recht früh, im Dezember 1757. Als Stadtarzt von Leipzig hatte er sich in den Hospitälern des Siebenjährigen Krieges angesteckt", erzählt Sylvia Kolbe. Doch ihre Stiefbrüder sorgten dafür, dass sie weiterhin Bildung erhielt. Wie Brümmer schreibt, habe einer von ihnen, ein späterer Theologieprofessor, sie „sogar in die alten classischen Sprachen, in die Philosophie und Geschichte" eingeführt. Die Mutter kümmert sich darum, dass sie eine für Mädchen typische Ausbildung erhält und unterrichtet sie in allen „weiblichen Schicklichkeiten", wie Marion Beaujean in der *Neuen Deutschen Biographie* schreibt. „Die vaterlose Waise wurde von einer trefflichen Mutter in allen damals üblichen weiblichen Arbeiten, vorzüglich im Sticken unterrichtet, worin sie es zu einer solchen Geschicklichkeit brachte, daß sie ganze Gegenden mit leichter Mühe mit der Nadel aufnahm", so Brümmer. Die Mutter sorgt auch dafür, dass Benedikte Klavier und Harfe lernt. Das Schreiben liegt ihr im Blut, 27 Jahre alt ist sie, als sie mit *Heerfort und Klärchen* ihren ersten Roman veröffentlicht.

Marion Beaujean unterstreicht in der *Neuen Deutschen Biographie* die Bedeutung, die Sylvia Kolbe der Schriftstellerin Benedikte Naubert beimisst, und erklärt, dass sie „einen indirekten Einfluß auf Stoffaufbereitung und Erzählstruktur historischer Romane" ausübte. Denn die Autorin habe „ein neues Verhältnis zwischen Geschichtsschreibung und Phantasie [entwickelt], indem sie eine erfundene ‚private Geschichte' vor dem Hintergrund der Weltereignisse inszenierte und beides auf besondere Weise miteinander verband". Diese „Aufhebung der Grenzen zwischen Geschichtsschreibung, Familienroman und Märchen" habe „eine wesentliche Bereicherung für die Entwicklung nicht nur des historischen Romans im 19. Jh." bedeutet. „Einige Autoren, wie Achim v. Arnim, Friedrich de la Motte Fouqué, Matthew Gregory Lewis und Sir Walter Scott beriefen sich direkt auf N.; ihr Einfluß läßt sich – in unterschiedlicher Richtung – bis zu den ‚Professorenromanen' des 19. Jh. einerseits, den ‚Fantasy Stories' des 20. Jh. andererseits verfolgen."

Umso bedauerlicher, findet Sylvia Kolbe, dass das Werk der Benedikte Naubert so sehr aus dem Bewusstsein verschwand. Doch sie unternimmt viel, um die Autorin dem Vergessen zu entreißen: Sylvia Kolbe besitzt etliche ihrer historischen Romane – sie hat sie sich antiquarisch besorgt und in mühevoller Arbeit seit 2006 ein Buch nach dem anderen abgetippt. „Ihr erster historischer Roman erschien 1785, da war Benedikte Naubert 33", sagt sie. „Allerdings hat sie ihre Werke lange nicht unter ihrem eigenen Namen veröffentlicht: Sie hat anonym geschrieben, denn eine Frau, die Bücher schreibt, war zu dieser Zeit verpönt", erläutert die Gästeführerin. Franz Brümmer schreibt in der *Allgemeinen Deutschen Biographie*: „Bis fast an das Ende ihres Lebens war ihr eifriges Bestreben, sich in eine dunkle Anonymität zu hüllen, von einem glücklichen Erfolge gekrönt; erst ihren Roman ‚Rosalba' (II, 1817) unterzeichnete sie mit ihrem Namen." Allerdings nicht ganz freiwillig: Ohne Absprache mit ihr war ihre Identität 1817 in der *Zeitung für die elegante Welt* gelüftet worden. Damit wusste alle Welt, dass eine Frau die berühmten Bestseller schrieb, die auch ins Französische, Englische und weitere europäische Sprachen übersetzt worden waren.

Benedikte Naubert – Naubert ist der Name ihres zweiten Gatten, ihr erster Mann war nach sechs Jahren Ehe verstorben – schreibt Zeit ihres Lebens. Auch dann noch, als sie alt und fast blind ist. Da diktiert sie ihre Romane. Ihre letzten Tage verbringt sie in Leipzig: „Im Herbste 1818 siedelte sie nach Leipzig über, um sich hier auf eine Operation an den Augen vorzubereiten. Eine Erkältung, die sich zunächst in einer rheumatischen Hals- und Brustentzündung äußerte, ging schnell in Lungenlähmung über, und schon nach vier Tagen machte der Tod am 12. Januar 1819 ihrem Leben ein Ende", schreibt Brümmer. Als sie ihre letzten Atemzüge tat, hatte sie mehr als 80 Bücher geschrieben oder aus dem Englischen und Französischen übersetzt.

Erinnerungsorte:

Christiane Benedikte Naubert wurde 1752 in der Grimmischen Gasse (heute: Grimmaische Straße 17), geboren. Hier hängt seit 2013 auch eine von Thomas Hoffmann gestiftete Gedenkplatte. 1795 lebte sie in der Nicolaistraße 752 (heute Nikolaistraße 6) bei ihrem jüngeren Bruder Ernst Benjamin Gottlob Hebenstreit. Ihr Sterbehaus ist der Nicolaikirchhof 761 (heute: Ritterstraße 1).

Mit Herz und Verstand

Die Seele der Insel

Ein wenig stand sie immer im Schatten ihres erfolgreichen Ehemanns, wurde zeitweise sogar zu seiner „Gehilfin" degradiert. Grund genug für die einstige Lektorin Sabine Knopf ein Buch über Katharina Kippenberg zu schreiben. Denn Knopf sagt: „Sie war die eigentliche Seele des Insel Verlags. Sie gestaltete das literarische Programm und bewies mit der Auswahl der Autoren und Bücher ein hohes Maß an Treffsicherheit im Urteil."

Das Interesse zur Literatur ist bei Katharina Kippenberg nicht heiratsbedingt. Schon vor ihrer Hochzeit mit dem Verleger Dr. Anton Kippenberg (1874-1950) im Dezember 1905 studiert die Tochter des Großkaufmanns Hermann Hartwig von Düring (1828-1893) und der Anna Marie Hildegard, geborene Neubourg, Literatur, Philosophie und Geschichte. Deswegen kommt sie ja im Jahr 1903 nach Leipzig. Hier darf sie sich allerdings nur als Gasthörerin einschreiben, zum Studium sind Frauen noch nicht zugelassen. Als sie Kippenberg heiratet, gibt sie ihr Studium jedoch auf und arbeitet als Lektorin und literarische Beraterin ihres Mannes im Insel Verlag. „In den meisten Darstellungen wird sie als Kippenbergs Hilfskraft dargestellt, was nicht stimmt", unterstreicht Sabine Knopf, die für die Arbeit an ihrem Buch auch mit zahlreichen Verwandten der Katharina Kippenberg gesprochen hat, unter anderem mit deren Tochter Jutta.

Katharina Kippenberg berät ihren Mann, findet aber auch schnell einen eigenen Bereich: „Während Anton Kippenbergs Domänen die Geschäftsführung, die Klassikerausgaben und das gut gestaltete und gedruckte Buch waren, bemühte sich Katharina unermüdlich darum, der modernen Literatur im

Katharina Kippenberg galt als Seele des Insel Verlags.

Insel Verlag einen angemessenen Raum zu verschaffen. Aufgrund ihres Wissens um das künstlerisch Wesentliche entschied sie als ‚oberste Richterin', welche neueren Werke im Verlag erscheinen sollten", schildert Sabine Knopf. Die Bindung zu vielen Dichtern ist eng und freundschaftlich und das Ehepaar verdingt sich auch als Mäzen, gewährt Dichtern wie Rilke, Becher, Däubler und Carossa Stipendien, um ihnen ein sorgenfreies Arbeiten zu ermöglichen.

Während des Ersten Weltkriegs, als Anton Kippenberg eingezogen wird, leitet Katharina den Verlag allein. „Nun verlegte sie auch expressionistische Dichter", sagt Sabine Knopf. „Leider verschwanden diese nach der Rückkehr Kippenbergs wieder aus dem Programm." Auch, wenn sich ihr Mann mit den expressionistischen Werken nicht identifizieren kann: Er honoriert ihre Leistungen, 1917 erteilt er ihr Prokura, 1922 macht er sie zur Mitgesellschafterin. „Ihr Vater war reich, sie hatte einiges Geld mit in die Firma und in die Ehe gebracht", erklärt Sabine Knopf. Und auch künftig trägt der Verlag ihre Handschrift: „In den 20er-Jahren entdeckte sie unter anderem die Werke von Virginia Woolf, Aldous Huxley und D. H. Lawrence für den deutschen Buchmarkt und setzte durch, dass sie im Insel Verlag erscheinen konnten." Auch kümmert sie sich darum, dass die Leistungen der Frauen gewürdigt werden, zum Beispiel gestaltet sie auf der Bugra 1914 eine Ausstellung zum Thema „Buchillustration von Frauen", mit der sie demonstrieren will, was Frauen bisher auf diesem Gebiet geleistet haben. Auf die Vorbereitung der Schau verwendet sie viel Mühe: „Sie schrieb an unzählige Künstlerinnen des In- und Auslands, an Verlage, Bibliotheken, Museen, Kunsthistoriker und Sammler. Als Ergebnis konnte sie Arbeiten von etwa 130 Künstlerinnen aus Deutschland und 92 aus verschiedenen Staaten Europas, Japan und den USA vorstellen", schildert ihre Biographin das Ergebnis. Trotz dieses Engagements – nachdem 1919 das Frauenwahlrecht eingeführt worden war, hatte sie sich eigentlich verstärkt im Kampf um die Gleichstellung einbringen wollen – ist sie im Bereich der Frauenbewegung

„Aufgrund ihres Wissens um das künstlerisch Wesentliche entschied sie als ‚oberste Richterin', welche neueren Werke im Verlag erscheinen sollten."

nicht allzu aktiv. Sie will ihre Zeit und Kraft vor allem der Arbeit im Verlag und der Familie widmen. Und auch der Gestaltung ihrer „Villa Kippenberg" lässt sie große Sorgfalt angedeihen. „Katharina war von Haus aus eine Aristokratin, eine geborene von Düring. Diese Herkunft, ihre umfassende Bildung und ihr ästhetischer Sinn prägten nicht nur das Programm des Verlags, sondern auch die Atmosphäre des Hauses, das sie mit ihrer Familie bewohnte. In dieser Villa in Leipzig-Gohlis verkehrten die größten Berühmtheiten der Literatur", unterstreicht Sabine Knopf. „Sie machte ihr Haus zu einem kulturellen Begegnungszentrum Leipzigs. In dem mit Möbeln der Goethezeit eingerichteten Wohnhaus in Gohlis organisierte sie Dichterlesungen, Hauskonzerte, Feiern und Empfänge." Auch Oberbürgermeister Carl Goerdeler (1884-1945) und seine Familie sind seit den frühen 1930er-Jahren mit der Familie befreundet. „Das Turmzimmer der kleinen Villa beherbergte so manchen berühmten Gast", sagt die Autorin. Und sie weist noch auf ein weiteres spannendes Detail hin: „Rilke vollendete hier seinen Avantgarde-Roman *Die Aufzeichnungen des Malte Laurids Brigge*". Über Rilke publiziert Katharina Kippenberg im Übrigen auch selbst und als die Nationalsozialisten die Macht ergreifen, lässt sie sich nicht schrecken und hält sowohl jüdischen als auch politisch nicht genehmen Autoren wie Stefan Zweig, Ricarda Huch, Edzard Schaper und Reinhold Schneider lange die Freundschaft und Treue. Der Ausbruch des Zweiten Weltkriegs ist dann aber der Anfang vom Ende ihrer Leipziger Zeit: Das Verlagshaus in der Kurzen Straße 7 (seit 2001: Spohrstraße) wird 1943 und ihre Gohliser Villa in der Richter-

Sabine Knopf mit ihrem Buch über Katharina Kippenberg.

straße 27 im Jahr 1945 durch Bombenangriffe zerstört. Das Ehepaar ist nun obdachlos und pendelt zwischen Weimar und Walbeck; von hier aus leiten die Kippenbergs auch ihren Verlag. Schließlich ziehen sie, gefolgt von ihren Töchtern Jutta und Bettina, nach Marburg. „Bis zuletzt waren beide unermüdlich für das Stammhaus des Insel Verlags in Leipzig und für die neue Zweigstelle in Wiesbaden in der amerikanischen Besatzungszone tätig", sagt Sabine Knopf. Noch auf dem Krankenbett liest Katharina Manuskripte und Korrekturen für den Verlag. Kurz vor ihrem Tod erhält sie die Ehrendoktorwürde der Universitäten Leipzig und Marburg.

„Bis zuletzt waren beide unermüdlich für das Stammhaus des Insel Verlags in Leipzig und für die neue Zweigstelle in Wiesbaden in der amerikanischen Besatzungszone tätig."

Ihr Erbe wirkt fort: Sabine Knopf, die die Verlagswelt gut kennt, sagt: „Der Insel Verlag galt zumindest vor einigen Jahren noch als etwas ganz Besonderes, der sich aus der Leipziger Verlagslandschaft durch Tradition und Qualität hervorhob. Eine ‚Insel' eben."

Erinnerungsorte:

Katharina Kippenberg lebte in der Moltkestraße 22 b (heute: Alfred-Kästner-Straße), in der Arndtstraße 10/12, in der Fechnerstraße 12 und in der Richterstraße 27. Der Verlag stand in der Kurzen Straße 7 (heute Spohrstraße).

Fanny (untere Reihe, 2. von links) im Kreise der Familien Goetz und Gasse.

Weg mit den Miedern!

Turnerkleid und Armenhilfe

Freiheit! Bewegung! Ein Leben ohne einengende Mieder! Und ein Leben, in dem es gerecht zugeht, in dem den Armen geholfen wird: All das war Fanny Goetz ein Anliegen. Und sie setzte es um: Entwarf Turnkleidung für Frauen und Mädchen, die bald das ganze Land trug, kümmerte sich um die Armen und wurde, als das Frauenwahlrecht eingeführt war, 1919 eine der ersten Stadtverordneten. „Sie stand immer ein bisschen im Schatten ihres bekannten Vaters und ihrer Brüder, aber sie hat enorm viel geleistet“, bescheinigt ihr Dr. Ingeburg

Zeidler, Mitglied im Förderverein Sächsisches Sportmuseum Leipzig e.V. „Fanny leistete Pionierarbeit und bereitete den in vielen Gebieten noch unerwünschten Frauen den Weg. Sie hat sehr im Stillen, aber beharrlich gewirkt."

Es ist vermutlich Fannys Vater, der Schul-, Impf- und Amtsarzt Dr. Ferdinand Goetz (1826-1915), der seine Tochter dazu ermuntert, regelmäßig zu turnen und sich außerdem für soziale Angelegenheiten von Frauen einzusetzen. Und er geht ja mit gutem Vorbild voran: „Ferdinand Goetz eröffnete in Lindenau die deutschlandweit erste Turnhalle einer Landgemeinde und führte 20 Jahre lang als Vorsitzender die Deutsche Turnerschaft", sagt Dr. Ingeburg Zeidler. Die junge Fanny entwickelt also einen starken Bewegungsdrang – und eine Abneigung gegen einengende Kleider. Als sich im Jahr 1900 der Zweigverein Leipzig des Allgemeinen Vereins für Verbesserung der Frauenkleidung gründet, wird Fanny schnell Mitglied, gehört auch bald dem Vorstand und wenig später dem erweiterten Bundesvorstand an. Das Ziel des Vereins kann sie nur unterstreichen: über gesunde Kleidung aufzuklären und das Korsett durch ein vernünftiges Kleidungsstück zu ersetzen. Weg mit dem Mieder, hinfort mit den alten, einengenden Strukturen! Und ihr Engagement geht noch weiter: „Als das reichseinheitliche Vereinsgesetz 1908 Frauen die Mitgliedschaft in politischen Vereinen ermöglichte, amtierte Fanny bis 1912 als Vorsitzende des Deutschen Verbandes für Verbesserung der Frauenkleidung, dessen Sitz zeitweilig Leipzig war", erzählt Ingeburg Zeidler. In jenen Jahren macht sich Fanny daran,

Ingeburg Zeidler an der Haustüre der Lützner Straße 11, in der Fanny Goetz einst lebte.

gesunde Frauen-Turnbekleidung nicht nur zu propagieren, sondern sich auch darum zu kümmern, dass es eine solche überhaupt gibt: „Mit ihren Mitstreiterinnen bemühte sie sich darum, für den Turnunterricht in Mädchenschulen ein praktisches Turnkleid zu entwickeln." Und schließlich kann der Verein tatsächlich ein entsprechendes Modell vorlegen: „Es besteht aus einem Leibchen, auf welchem Hose und Rock festgeknöpft werden, und einer darüber gezogenen Bluse. Das Ausziehen des Rockes macht es für die Turnstunde, das in wenigen Sekunden erledigte wieder Anziehen für die Straße fertig", wie dem *Jahrbuch für Volks- und Jugendspiele 1908* zu entnehmen ist. Ohne große Umstände können sich die Schülerinnen also umziehen und sind immer zum Turnen bereit.

„Mit ihren Mitstreiterinnen bemühte sie sich darum, für den Turnunterricht in Mädchenschulen ein praktisches Turnkleid zu entwickeln."

Der damalige Vorsitzende des Vereins, Dr. med. Justus Thiersch (1859-1937), stellt das Modell beim städtischen Schulamt vor. Selbiges ist durchaus angetan. „Die Vereinsmitglieder verteilten Merkblätter und verkauften Tausende Schnittmusterbögen", erzählt Ingeburg Zeidler weiter. Das „Schulturnkleid" setzt sich durch: 1904 offiziell durch den Rat der Stadt in den Leipziger Schulen eingeführt, findet es deutschlandweit Nachahmer und verbreitet sich rasch. „1905 trugen 7.000 Mädchen an Leipziger Volksschulen das Kleid – die Hälfte aller turnenden Mädchen. 1908 empfahl es das Sächsische Kultusministerium zur Einführung in Mädchenschulen", gibt die Sporthistorikerin einen Abriss über die weitere Chronologie der Ereignisse. Dass das Kleid so viel im Einsatz ist, führt dazu, dass Schwachstellen gefunden und verbessert werden können. Beim 11. Deutschen Turnfest in Frankfurt am Main wird es 1908 erstmals in einer turnthematischen Ausstellung vorgestellt. „Für seine Präsentation bei der Internationalen Hygiene-Ausstellung in Dresden 1911 hatte Fanny Informations- und Werbematerial entworfen."

Doch nicht nur für die Turnkleidung ihrer Geschlechtsgenossinnen engagiert sich Fanny Goetz: „Ein zweites, umfangreiches Tätigkeitsfeld war die Wohlfahrts- und Armenpflege", fährt die Autorin fort.

Fanny engagiert sich in den Jahren 1905 bis 1913 ehrenamtlich in der Leipziger Zentrale für private Fürsorge, die sich für das planmäßige Zusammenwirken von wohltätigen Einrichtungen und öffentlicher Armenpflege einsetzt. 1911 bis 1916 ist sie stellvertretende Vorsteherin des Armendistrikts 65 B in Lindenau – auch diese Aufgabe erfüllt sie wieder im Ehrenamt. Das Engagement für Ärmere liegt in der Familie: Zuständiger Armenarzt für mehrere Lindenauer Distrikte ist bis 1910 ihr Vater. Und ihr Bruder, Dr. med. Max Goetz (1855-1936), kümmert sich um Armendistrikte in Plagwitz. „Fanny betrat damit Neuland für die Frauen. Obwohl diese gemäß Leipziger Armenordnung als Gemeindemitglied zur Armenpflege berechtigt waren, wehrten sich die ausschließlich aus Männern bestehenden Pfleger, Distriktversammlungen und das Armendirektorium vehement gegen die ‚überflüssigen‘ und ‚unerwünschten‘ Frauen“, hat die Sporthistorikerin recherchiert.“

„Sie war die erste – von den Stadtverordneten gewählte – Frau, die im selben Jahr Vorsteherin ihres Armendistrikts 65 B wurde, als besoldete Fürsorgerin des Armenamtes.“

Als sich nach der Mobilmachung 1914 der Nationale Frauendienst gründet, um bei den Massennotständen zu helfen und insbesondere das Leid von Familien zu lindern, ist Fanny Goetz ganz vorn mit dabei: „In Leipzig schlossen sich 62 Frauenvereine im Nationalen Frauendienst zusammen. Fanny Goetz wurde Mitglied im geschäftsführenden Ausschuss“, erzählt Ingeburg Zeidler weiter. Sie leitet den XII. Bezirk Lindenau und empfängt Bedürftige Tag für Tag zur Sprechstunde in ihrer Wohnung. „Soziale Verelendungsprozesse und wachsende politische Konflikte im Verlauf des Ersten Weltkriegs verlangten nach Veränderungen in der Leipziger Armen- und Kriegsfürsorge“, fährt die Markkleebergerin fort. Und so schlägt der Allgemeine Deutsche Frauenverein, Ortsgruppe Leipzig, Fanny im Jahr 1917 dem Rat der Stadt für die Mitarbeit in den städtischen gemischten Ausschüssen vor. „Sie war die erste – von den Stadtverordneten gewählte – Frau, die im selben Jahr Vorsteherin ihres Armendistrikts 65 B wurde, als besoldete Fürsorgerin des Armenamtes“, unterstreicht Ingeburg Zeidler. „Damit verbunden war eine tägliche Sprechstunde in der Lützner

Straße 11. Das Leipziger Adressbuch führte sie bis 1922 für diesen Fürsorgedistrikt." Fannys dringender Wunsch: Dass noch mehr Frauen in der Armenfürsorge aktiv werden. Dafür setzt sie sich ein und erreicht, dass es im Juni 1918 in Leipzig immerhin 52 Armenpflegerinnen gibt – Fanny ist allerdings noch die einzige Frau mit einem Posten als Distriktsvorsteherin.

Es verwundert nicht, dass Fanny Goetz unter den zwölf ersten Frauen ist, die nach Einführung des Frauenwahlrechts in den Rat gewählt werden: „Vom 26. Januar 1919 bis zum 31. Dezember 1921 war Goetz Stadtverordnete der Deutschen Demokratischen Partei", sagt Zeidler. „Während ihrer zweijährigen Wahlfunktion arbeitete sie im Stiftungsausschuss, im Gemischten Ausschuss für Jugendfürsorge, im Kriegsausschuss sozialtätiger Vereinigungen und ab 1920 im Armendirektorium, als auch dort die Männerdomäne gebrochen war."

Erinnerungsorte:

Fanny Goetz lebte in der Lützner Straße 11, am Markt 18, in der Südstraße 72, in der Lausicker Straße 62 und in der Fröbelstraße 5.

Liebe zur Literatur

Im Schreiben fand sie sich selbst

Luise Gottsched wusste, was sie wollte: Schreiben. Und die Bildung war ihr wichtig. Sie widmete sich dem eigenen Werk und dem ihres Mannes Johann Christoph Gottsched (1700-1766), den sie sehr unterstützte, dem sie eine enge Beraterin war. „Als gelehrtes Frauenzimmer agierte sie selbstbewusst als Managerin und Organisatorin der eigenen und der Werke ihres Mannes", bescheinigt ihr Dr. Sandra Berndt, von der Universität Leipzig. Die Germanistin ist von dieser arbeitsamen, fleißigen und produktiven Frau fasziniert. Und sie weiß, dass ihr Leben, entgegen dem ersten Eindruck, durchaus eines voller Brüche und Enttäuschungen war.

Die Liebe zur Literatur wird Luise (auch Louise) Adelgunde Victorie sozusagen in die Wiege gelegt. Sie wächst in der weltoffenen Hansestadt Danzig auf, ihr Elternhaus ist modern und intellektuell. Der Vater, Dr. med. Johann Georg Kulmus (1680-1731), ist königlicher Leibarzt, die kulturell interessierte Mutter Katharina Dorothea führt Luise schon früh an die Literatur heran, gibt ihr sowohl antike als auch moderne Lyrik zu lesen. „Sie erhielt eine wirklich breitgefächerte Bildung", sagt Sandra Berndt und zählt auf: „Mathematik, Geographie, Zeichenkunst, Philosophie." Die junge Luise erhält Unterricht in Englisch und Französisch, nimmt am öffentlichen Katechismusunterricht teil und erlernt verschiedene Musikinstrumente. Tanja Reinlein schreibt in ihrem Buch *Der Brief als Medium der Empfindsamkeit*: „Die Ernsthaftigkeit der Bildungsbemühungen ihrer Eltern schlägt sich in zwei Anekdoten nieder: Als Louise Kulmus 15 Jahre alt war, ließen ihre Eltern sie über einen längeren Zeitraum allein, um herauszufinden,

Luise Gottsched widmete ihr Leben ihrem Mann – und der Literatur.

welche Interessen sie in dieser Zeit verfolgen würde, um sich die Zeit zu vertreiben. Bezeichnenderweise gehören Musik, Dichtung, Lesen und Schreiben zu den sich dabei herauskristallisierenden Lieblingsbeschäftigungen der angehenden Dichterin." Hätte sich Luise eine andere Beschäftigung gesucht, wäre dies vom Vater vermutlich nicht gern gesehen gewesen, wie Tanja Reinlein weiter berichtet: „Als ihr Vater sie einmal mit rotgerandeten Augen beim Spinnen erwischte, warf er ihr Spinnrad voller Wut in den Ofen und verbot seiner Tochter fortan, ihre Augen bei einer niederen Hausarbeit zu verderben. Sie solle ihr Augenlicht ausschließlich für das Studium guter Bücher benutzen."

Und das tut die junge Luise auch. Gern und mit Leidenschaft. Schon früh schreibt sie Gedichte, wodurch auch der junge Schriftsteller Johann Christoph Gottsched auf sie aufmerksam wird und ihre Eltern um die Erlaubnis bittet, mit ihr korrespondieren zu dürfen. Die Erlaubnis wird erteilt, viele Briefe gehen zwischen den beiden hin und her, schließlich bittet er sie um ihre Hand. Sie stimmt zu, macht ihm jedoch klar, wie sie die Liebe versteht und schreibt dem „Hochzuehrende(n) Herr(n)" am „7. Januarii 1731": „Nein, bester Freund! Nie werden Sie mich durch Geschenke gewinnen. Wenn die Vorzüge des Verstandes und Herzens nichts bey mir ausrichten; so werden alle Schätze der Welt mir gleichgültig seyn, so magnetisch auch diese Kraft bey vielen seyn mag."

„Als ihr Vater sie einmal mit rotgerandeten Augen beim Spinnen erwischte, warf er ihr Spinnrad voller Wut in den Ofen und verbot seiner Tochter fortan, ihre Augen bei einer niederen Hausarbeit zu verderben."

Gottsched scheint sie zu verstehen, bis die beiden heiraten, werden aber noch viele Jahre vergehen, denn Luise hat in dieser Zeit viele Schicksalsschläge zu erleiden: 1731 stirbt ihr Vater, 1734 die Mutter.

Nach ihrer Heirat und der Besetzung Danzigs 1735 kommen Luise Gottsched und ihr Mann nach Leipzig, „einer Stadt der Handelsbourgeoisie", wie Sandra Berndt sagt. Von der ersten Stunde an sind sie in guter Gesellschaft, verkehren mit Professoren, Ratsmitgliedern und dem Adel. „Im Jahrhundert der Geselligkeit galten Kommunikation und Vernetzung als Voraussetzung der Entwicklung und Verbreitung der Aufklärung", ordnet die Germanistin ein. Und ihr Haus ist immer ein offenes, Literaten, Professoren, Studenten, Wissenschaftler, Künstler – sie alle gehen hier ein und aus.

Luise unterstützt ihren Mann, der nun Professor der Poesie, Logik und Metaphysik an der Universität Leipzig ist, bei seiner Arbeit, schreibt weiterhin selbst, wenn auch häufig anonym und übersetzt Klassiker: Mit dieser Tätigkeit habe sie wesentlich zur Verbreitung der frühaufklärerischen bürgerlichen Moral und rationalen Philosophie in Deutschland beigetragen, bescheinigt ihr Berndt. Und durch ihre Werke habe sie auch ihre Vorstellung von einem selbstbestimmten Leben verbreitet. „Ihre eigenen Lustspiele widerspiegeln die Lebendigkeit der Geschlechterdiskurse, orientieren sich dabei an Gegebenheiten des wohlhabenden Bürgertums und Kleinadels, verhandeln Normen und Abweichungen mit selbstbewussten, redegewandten jungen Protagonistinnen." Anregungen findet sie im Alltag – und in der gewaltigen Bibliothek des Ehepaars. In den Regalen der Gottscheds stehen mehrere Tausend Werke, die gesamte klassische Komödie, zeitgenössische französische und englische Dramen in Originalausgaben.

„Ihre eigenen Lustspiele widerspiegeln die Lebendigkeit der Geschlechterdiskurse, orientieren sich dabei an Gegebenheiten des wohlhabenden Bürgertums und Kleinadels, verhandeln Normen und Abweichungen mit selbstbewussten, redegewandten jungen Protagonistinnen."

Sie ist eine hochgebildete Frau. Und ihre Texte, seien es nun Gedichte, Satiren, Parodien, Komödien oder politische Essays, haben alle eine Botschaft: Es geht ihr um die Unabhängigkeit der Wissenschaft, um Toleranz und Emanzipation und sie wehrt sich gegen Aberglauben und Dogmatismus. „Als eigenständige Autorin und gemeinsam mit ihrem Mann nutzte Luise Gottsched weitblickend die Anfang des 18. Jahrhunderts zur Verfügung stehenden Medien und Institutionen der literarisch-wissenschaftlichen Öffentlichkeit, um ihre Standpunkte zu veröffentlichen", sagt Sandra Berndt. Ein wichtiger persönlicher und auch ein Aspekt ihres literarischen Schaffens ist die

Freundschaft mit Dorothea Henriette von Runckel (1724-1800), die beiden lernen sich 1752 bei einer Reise kennen und werden in den kommenden Jahren eine intensive Brieffreundschaft pflegen. Ihr vertraut sie auch die Kehrseite ihres Lebens an der Seite des Universitätsprofessors an. Denn offiziell ist die Ehe ja glücklich. „Ganz dem Zeitgeist entsprechend scheint es so, als passte sich Luise Gottsched als Helferin ihres Mannes den standesgemäßen Vorstellungen von der Rolle der Frau an. Gottsched unterstützte die Weiterbildung seiner Frau stetig; so lernte sie Latein, nahm Unterricht in Kompositionslehre und lauschte hinter der geöffneten Tür seinen Vorlesungen über Rhetorik und Dichtkunst", sagt Sandra Berndt. Jedoch: Am Ende ihres Lebens werden ihre Texte bitterer, ihnen wohnt ein resignierter Ton inne. Johann Christoph Gottsched ist ihr untreu, der Siebenjährige Krieg steht ihrem aufklärerischen Geist entgegen. Sandra Berndt: „Privat, politisch und literarisch erleidet sie Schiffbruch, physischer und psychischer Zerfall greifen ineinander; im Alter von nur 49 Jahren stirbt sie."

„Privat, politisch und literarisch erleidet sie Schiffbruch, physischer und psychischer Zerfall greifen ineinander."

Unzählige Werke hat sie hinterlassen. Aber auch die Literatur hat ihr am Ende nicht helfen können.

Erinnerungsorte:

Von 1735 bis 1762 lebte Luise Gottsched mit ihrem Mann in einer Wohnung im ersten Obergeschoss des „Goldenen Bären" am Alten Neumarkt. Eine Gedenktafel in der Universitätsstraße gegenüber der Kupfergasse erinnert an sie. Außerdem ist eine Straße nach ihr benannt, der Adelgunde-Gottsched-Weg.

Henriette von Crayen war für ihre Schönheit, ihren Witz und ihren Charme bekannt.

Witzig, Geistreich, Bildschön

Salonnière mit großem Plaudertalent

Sabine Knopf ist eine glühende Fontane-Verehrerin. Und deshalb war ihre Neugierde auch gleich geweckt, als sie erfuhr, dass die Salonnière Josephine von Carayon in Fontanes Werk *Schach von Wuthenow* ein lebendes Vorbild hat – das obendrein in Leipzig lebte – zumal sie derzeit an einem Beitrag über Leipziger Vorbilder für Romanfiguren bei Theodor Fontane arbeitet. Fasziniert begann Sabine Knopf zu recherchieren und bilanziert: Dieses Vorbild, das auch ganz ähnlich heißt wie die literarische Figur – Henriette von Crayen – muss eine ganz besondere Frau gewesen sein. „Sogar der preußische König

Friedrich Wilhelm II. machte ihr den Hof." Henriette von Crayen führt zwei Salons, in denen sich Berühmtheiten wie Johann Wolfgang von Goethe (1749-1832) einfinden. Sabine Knopf sagt: „Sie wird als sehr schön, gastfreundlich, witzig, geistreich und mit großem Plaudertalent versehen geschildert. Im Hause Crayen muss schon eine besondere Atmosphäre geherrscht haben."

Es ist die Eheschließung mit dem Bankier und preußischen Konsul Auguste Guillaume (August Wilhelm) von Crayen (1750-1803), die Susanne Henriette Leveaux nach Leipzig führt, ihre Kindheit und Jugend hat die gefeierte Schönheit in der französischen Kolonie in Berlin verbracht. Ihre Vorfahren sind französische Glaubensflüchtlinge, Hugenotten. „In Leipzig führte Henriette ein großes Haus und durch die Tätigkeit ihres Mannes hatte das Paar viele Gäste." Dazu trägt nicht allein die Stellung August Wilhelms bei: „Sie selbst zog durch Geist, Witz und Schönheit viele Besucher an", sagt Sabine Knopf.

Dank ihrer hugenottischen Herkunft spricht sie besser Französisch als Deutsch und bringt in einer Zeit, in der noch streng auf Rangunterschiede geachtet wird, durch ihre egalitäre Denkweise Menschen unterschiedlichsten Standes zusammen. Sie ist ein strahlender Stern, die hochverehrte Sonne, um die sich alle drehen. Ob sie dabei glücklich ist? Offenbar nicht allzu sehr, wie Sabine Knopf herausgefunden hat: „Trotz ihres scheinbar glanzvollen Daseins war sie mit ihrem Leben unzufrieden." Die Autorin, die sich besonders für die Hugenotten interessiert, hat eine Anekdote ausgegraben, in der Karl August Varnhagen von Ense (1785-1858) schreibt: „Der Capellmeister Reichardt führte einst in Leipzig die schöne Frau von Crayen aus einer Gesellschaft nach Hause, und sie sprach mit dem alten Bekannten sehr vertraulich. Sie stellte ihm vor, was ihr in der Jugend für glänzende Aussichten eröffnet waren, welche vornehme Heirathen, und schloß dann: ‚Was ist aus allen meinen Schwärmereien geworden, lieber Reichardt, aus so glänzenden Hoffnungen? Nichts – als Crayen und Compagnie!' So hieß die Handelsfirma ihres Mannes."

Dass sie mit ihrem Leben unzufrieden ist, merkt ihr aber ansonsten niemand an: Witzig und geistreich wie eh und je führt sie ihren Salon und auch der Schriftsteller Carl Ludwig Otto von Arnim (1779-

1861) ist der Ansicht, dass das Haus des Kammerrates von Crayen in Leipzig „seinen hauptsächlichsten Anziehungspunkt der schönen und geistreichen Frau desselben zu verdanken hatte“, denn: „Frau von Crayen war gewiß eine Frau des Salons, wie es wohl wenige gegeben, so daß, nachdem alle Reize der Jugend und Schönheit sie längst geflohen hatten, und unverschuldetes Unglück aller Art ihr nicht mehr erlaubte, wie früher der Liebe zur Geistfreiheit Raum zu geben, sie dennoch immer die jungen Leute um sich zu versammeln wußte und durch ihre angeregte Unterhaltung, [...] sich ein junges Deutschland schuf, das sie hoch verehrte.“ Dieses „unverschuldete Unglück aller Art“ meint wohl den Tod ihres Mannes im Jahr 1803 und ihrer Söhne: „Sie verlor Henri Philippe, Charles Auguste Alexandre und Charles Marc Auguste – die Söhne verstarben alle im Laufe der Kriegsjahre während ihres Einsatzes an der Front – , die in der Armee des Weimarer Herzogs Karl August dienten, in den Befreiungskriegen“, schildert Sabine Knopf die tragischen Schicksalschläge.

Kurz nach dem Tod des Gatten kehrt sie, im Jahr 1805, mit ihrer Tochter Victoire nach Berlin zurück – um dort einen neuen Salon zu eröffnen. Und wieder fasziniert sie ihre Gäste nachhaltig mit ihrem Wesen. Eben jener August Varnhagen von Ense, Ehegatte der berühmten Rahel Levin (1771-1833) habe sie auch später noch eine der „witzigsten und unterhaltendsten Frauen“ und ein „jung gebliebenes Stück Rokoko“ genannt, hat Sabine Knopf recherchiert.

Das Motto, nach dem die „typische Vertreterin des galanten Zeitalters“, wie Sabine Knopf sie nennt, lebte, schien aufzugehen: „Halten Sie für Ihre Freunde stets drei Dinge offen, die Geldbörse, das Herz und das Gesicht.“

....

Erinnerungsorte:

Henriette von Crayen lebte ab 1777 in der Katharinenstraße, anschließend im Palais „Kurprinz“ am späteren Roßplatz und zuletzt hatte sie einen Sommersitz im Herrenhaus Imnitz.

Schreib, rief die Rede-Kunst: Schreib, sang die Poesie;
Ich stimme gleichfalls bey, sprach die

Preisgekrönte Dichterin ...

... und Salonière im 18. Jahrhundert

Sie weiß, was Leid bedeutet. Zu oft hat der Tod ihr schon ihre Liebsten genommen. Doch Christiana Mariana von Ziegler findet Trost: In der Musik, in der Literatur, in der Bildung. „Die gelehrte Frau des 18. Jahrhunderts führte einen der ersten deutschen literarisch-musikalischen Salons. In ihren Werken betonte sie selbstbewusst die geistige Ebenbürtigkeit der Geschlechter", sagt Gerlinde Kämmerer, die sich ausführlich mit Leipzigs historischen Frauen beschäftigt hat und seit 1993 Rundgänge zur Frauengeschichte anbietet. „Christiana Marianas Wohlhabenheit und Bildung ermöglichten ihr im 18. Jahrhundert ein ungewöhnlich selbstbestimmtes Frauenleben. Als Frau und Literatin war sie Vorbild für viele Dichterinnen."

Was muss das für eine Bürde sein! Im Kindesalter zu erleben, wie sechs der sieben jüngeren Geschwister sterben! Nur Christiana Mariana und ihr Bruder Franz Wilhelm werden von den acht Kindern des Juristen Franz Conrad Romanus (1671-1746) und seiner Frau Christiana Maria geborene Brummer (1676-1739) das Erwachsenenalter erreichen. Und die Aufregungen nehmen kein Ende: „Christiana war erst neun Jahre alt, als ihr Vater, seit 1701 Bürgermeister in Leipzig, wegen Verdachts des Finanzbetrugs inhaftiert wurde und dann die restlichen 41 Jahre seines Lebens in der Festung Königstein verbringen musste", schildert Gerlinde Kämmerer weitere Details aus der traurigen Kindheit der Christiana Mariana. Immerhin: Finanzielle Sorgen hatte die Familie nicht. „Das Vermögen war nach seiner Verhaftung nicht eingezogen worden; auch das

Die erste Hälfte des Lebens der Christiana Mariana von Ziegler verlief ausgesprochen unglücklich – in der zweiten fasste sie neuen Mut und Lebenskraft.

Haus blieb der Familie mit Verweis auf die große Mitgift, die Frau Romanus in die Ehe eingebracht hatte, erhalten", berichtet Gerlinde Kämmerer. Die Mutter lässt der Erziehung der beiden Kinder, die ihr geblieben sind, größte Sorgfalt angedeihen. Sie macht keine Unterschiede zwischen Sohn und Tochter, beide erhalten eine umfassende Bildung, Christiana Mariana spricht Französisch, kennt sich mit der griechischen und römischen Mythologie aus, spielt Klavier und Laute, dichtet, malt und lernt, wie man einen großen Haushalt führt. „Gut vorbereitet geht sie somit 1711 in die Ehe mit dem acht Jahre älteren Heinrich Levin von Könitz, Herr auf Arnstädt und Friedeburg im Mansfeldischen, und steigt damit in den niederen Adelsstand auf", erzählt Kämmerer weiter. Doch ein Jahr später, 17-jährig, ist sie Witwe und bleibt mit der wenige Monate alten Tochter Johanna Mariana Henrietta zurück. 1715 heiratet sie im Alter von 19 Jahren erneut – den Hauptmann Georg Christoph von Ziegler, mit dem sie auf sein Gut Eckartsleben bei Erfurt zieht – 1717 wird ihre zweite Tochter geboren, doch 1722 sterben Christiana Marianas zweiter Ehemann und ihre beiden Töchter, wahrscheinlich an einer ansteckenden Krankheit. „Christiana Mariana von Ziegler kehrte im selben Jahr als noch junge, zweifache Witwe zu ihrer Mutter in das Romanushaus nach Leipzig zurück", schildert Ger-

Gerlinde Kämmerer am Romanushaus, in dem Christiana Mariana lebte.

linde Kämmerer die traurige Rückkehr. Sie flüchtet sich in die Musik – und ins Schreiben: „In Leipzig ließ sich die Zieglerin in Philosophie unterrichten, bildete sich in Dichtung und Musik weiter. Sie vervollkommnete ihr Lauten- und Klavierspiel und erlernte französische Flöte sowie Querflöte, obwohl Blasinstrumente damals Männern vorbehalten waren. Sie reiste und führte eine umfangreiche Korrespondenz mit Freunden, Verwandten und Gelehrten", zählt Gerlinde Kämmerer auf. Die Frage, ob Frauen dichten können, hat die Zieglerin schon während ihrer zweiten Ehe beschäftigt: „Sie stand im Briefwechsel mit ihrer Altersgefährtin, der schlesischen Dichterin Marianna von Breßler und tauschte sich mit ihr darüber aus, ‚ob auch das Frauenvolck zum tichten fähig sei'", erzählt Gerlinde Kämmerer.

„Sie stand im Briefwechsel mit ihrer Altersgefährtin, der schlesischen Dichterin Marianna von Breßler und tauschte sich mit ihr darüber aus, ‚ob auch das Frauenvolck zum tichten fähig sei'."

Nach dem Trauerjahr öffnet die vermögende Witwe 1723 ihr Haus für Treffen bedeutender Dichter und Denker, hier begegnen sich nun Leipziger und Durchreisende, Männer und Frauen. „Es entstand einer der ersten deutschen literarisch-musikalischen Salons, in dem eine Frau in ihre Räume einlud, die Organisation übernahm und die Gespräche zu verschiedenen Themen leitete, Reimspiele und Aufführungen initiierte. Stadthonoratioren verkehrten bei ihr ebenso wie Gelehrte und Künstler, die sie auch protegierte", sagt die Expertin.

„Der neueren Forschung zufolge zählt auch Johann Sebastian Bach (1685-1750) zu ihren Bekannten. Bach wirkt wahrscheinlich an musikalischen Aufführungen in ihrem Salon mit und vertont neun ihrer Texte zu Kantaten", fährt sie fort. „Auch Johann Christoph Gottsched, der 1724 fast mittellos nach Leipzig gekommen war, habe hier Zugang zur Leipziger Gesellschaft gefunden." Er wiederum bestärkte Frau von Ziegler in ihren dichterischen Versuchen und bot ihr in seinen Zeitschriften die Möglichkeit zur Veröffentlichung", erzählt Gerlinde Kämmerer weiter. Und die Zieglerin ergreift die Chance, die sich ihr bietet, schreibt unter Pseudonymen in Gottscheds moralischer

Wochenschrift *Die vernünftigen Tadlerinnen* und verfasst drei Bücher in ‚gebundener und ungebundener Schreib=Art'. „Ihre Sendschreiben enthalten kritische Briefe zu Moral, Erziehung und Ehe. Kernaussage ihrer Werke ist der Rat an alle Frauen, neben dem Haushalt nicht die eigene Bildung zu vergessen, die sie als unbedingt notwendig empfiehlt", sagt die Leipzigerin. Christiana Mariana selbst schreibt dazu: „Der Tag hat viele Stunden, und bey dem eynen [der Wirtschaft] muß das andere [das Lernen] nicht versäumet werden."

Und sie erhält Anerkennung: 1731 wird Christiana Mariana von Ziegler erstes weibliches Mitglied der Deutschen Gesellschaft, die unter Gottscheds Leitung als Förderverein für deutsche Sprache und Literatur wirkt. „Zweimal errang sie den Poesiepreis der Gesellschaft. Höhepunkt war die von Gottsched angeregte Verleihung des Titels poeta laureata', sprich ‚Kaiserlich gekrönte Poetin' durch die Universität Wittenberg im Jahr 1733, durch den sie als Gelehrte anerkannt und mit gelehrten Männern auf eine Stufe gestellt wurde", unterstreicht die Kulturwissenschaftlerin. „Das brachte ihr nicht nur Huldigungsgedichte ein, sondern auch den Spott Leipziger Studenten, die diese Ehre keiner Frau gönnten und in Schmähschriften den ehrbaren Lebenswandel der Witwe Ziegler bezweifelten."

„Das brachte ihr nicht nur Huldigungsgedichte ein, sondern auch den Spott der Leipziger Studenten, die diese Ehre keiner Frau gönnten und in Schmähschriften den ehrbaren Lebenswandel der Witwe Ziegler bezweifelten."

Zwei Jahre nach dem Tod ihrer Mutter heiratet Christiana Mariana im Jahr 1741 den Philosophieprofessor Wolf Balthasar Adolf von Steinwehr (1704-1771), den sie seit 1732 aus der Deutschen Gesellschaft kennt. Er hatte den Druck ihres letzten Buches vermittelt, in dem sie sich ironisch zum Herrschaftsanspruch der Männer äußerte: „Du Weltgepriesenes Geschlechte,/ Du in dich selbst verliebte Schaar,/ Prahlst allzusehr mit deinem Rechte,/ Das Adams erster Vorzug war.../ Die Männer müssen doch gestehen,/ Daß sie wie wir, auch Menschen sind./ Daß sie auch auf zwey Beinen gehen/ Und daß sich manche Schwachheit findt./ Sie trincken, schlafen, essen, wachen./ Nur dieses ist der Unterscheid,/ Sie bleiben Herr in allen Sachen/ und was wir thun, heißt Schuldigkeit'", zitiert Gerlinde Kämmerer und schließt damit ihre Ausführungen.

Trotz der kritischen Worte währt diese Ehe bis ans Lebensende der Christiana Mariana von Ziegler.

....

Erinnerungsorte:

In Leipzig lebte Christiana Mariana Ziegler im Schubert'schen Haus in der Petersstraße, im Romanushaus (Katharinenstraße/Ecke Brühl) und im Haus zur Weißen Taube (heute Richard-Wagner-Platz 3). An sie erinnert eine Bronzetafel in der Schwelle des Romanushauses (Eingang Katharinenstraße).

„VERBRAUCHE DIESES BUCH"

Ein „Koch-Weib" des Barocks

Eins macht Susanna Eger ihren Lesern gleich klar, als sie am 29. September 1705 zur Feder greift: „[...] daß ich das Verlangen gehabt, Dir mit dieser Arbeit einen angenehmen Dienst zu thun." Sie empfiehlt: „Verbrauche demnach dieses Buch zu deinem Nutzen, und leben wohl." Geschrieben hat sie diese Worte in ihrem *Leipziger Kochbuch*, einem wahrlich beeindruckenden Werk, das sie vor allem für Frauen verfasste, die sich mit dem Kochen nicht ganz so gut auskennen: „Vor diejenigen, welche schon zu einer Vollkommenheit im Kochen gelanget sind, habe ich diese Bogen nicht so aufgesetzet, sondern denen Anfängern zu Liebe zusammen getragen. Doch können auch die ersten vielleicht etwas finden, das ihnen nicht gantz unangenehm ist." Es sei ihr nicht darum gegangen, Seiten zu füllen, beteuert sie, denn sonst hätte sie ja „hin und wieder aus denen Koch-Büchern, so am Tage liegen, gantze Bogen ausschreiben können." Sie findet: „Solches aber kan dir um desto lieber seyn, weil es höchst verdrießlich ist, aus so grossen, weitläufftigen und unordentlichen Büchern das beste auszusuchen."
Wer ist die Frau hinter diesem beeindruckenden, rund 900 Rezepte umfassenden, Werk, die so klare Worte findet?

Geboren wird sie in einer schweren Zeit: 1640 tobt der Dreißigjährige Krieg, der um die Hegemonie im Heiligen Römischen Reich Deutscher Nation und in Europa geführt wurde, und Leipzig ist schwer gebeutelt. Bereits 1631 und 1632 sind vor den Toren der Stadt schwere Schlachten ausgetragen worden, zwei Jahre nach der Geburt der kleinen Susanna erfolgt eine weitere, nun ist Leipzig auch noch acht Jahre lang Hauptstützpunkt für die schwedischen Feldzüge nach Böhmen. Die Stadt ist von den Schweden besetzt, die Leipziger

Der Frontispitz – die grafisch gestaltete Seite zwei eines Druckwerks – des 1745 erschienenen Leipziger Kochbuchs von Susanna Eger, das beim Verlag Jacob Schuster erschienen ist.

Bevölkerung ächzt unter der Last, die ihr in diesen ohnehin schon so schweren Zeiten aufgebürdet wird. Doch Susannas Vater Carl Günther Born, ein Kramermeister, gibt der Kleinen wohl trotz der schweren äußeren Umstände ein gutes und sicheres Zuhause und als sie acht Jahre alt wird, ist der Krieg, der Europa drei Jahrzehnte gebeutelt hat, dann endlich vorbei, die Welt atmet auf. Auch Leipzig erhebt sich langsam und taumelnd aus dem Grauen, viele, die nun in der Blüte ihres Lebens stehen, kennen nichts anderes als Krieg, waren bei Kriegsausbruch noch nicht geboren oder zu klein, um sich zu erinnern. Langsam keimt neue Hoffnung, richten Wirtschaft und Leben sich auf wie kleine zertrampelte Pflänzchen unter einer dicken, trockenen Staubschicht, wenn sie auf einmal wieder Luft, Wasser und Licht bekommen. Und so gesehen sind es auch Zeiten der Hoffnung, in denen Susanna heranwächst.

Küchentagebuch, Leipzig 1795.

Als sie 17 Jahre alt ist, heiratet sie: Einen Mann aus dem Schwäbischen, genauer: aus Lindau am Bodensee. Ihr Auserwählter ist der Händler Johan Jacob Eger. Vier Kinder werden geboren, Susanna kümmert sich um ihre Sprösslinge und hält den Haushalt in Ordnung. Und sie kocht. Und schaut, dass sie über die Runden kommen, was vielleicht nicht so ganz einfach ist. „Ihr Mann gehörte mit Sicherheit nicht zu den Großen der hiesigen Handelswelt, vielmehr zum Mittelstand der Krämer und kleinen Händler. Daraus ergab sich eine sparsame

Haushalt[s]führung, die uns die Egerin, wie sie die Zeitgenossen nannten, in ihrem Kochbuch darlegt“, schreibt Frank-Uwe Pilz in seinem sehr lesenswerten und feinfühligen Aufsatz in den *Frauenporträts der Stadt Leipzig*. Und weiter: „Aber auch ein ausgeprägter Hang zur Repräsentation besonders den Fremden gegenüber war ein typischer Wesenszug der Leipziger. Daher weist deren Küche eine große Spanne von einfachen, mit geringen Mitteln herzustellenden Speisen bis hin zu ausgeklügelten, aufwändigen lukullischen Genüssen auf.“

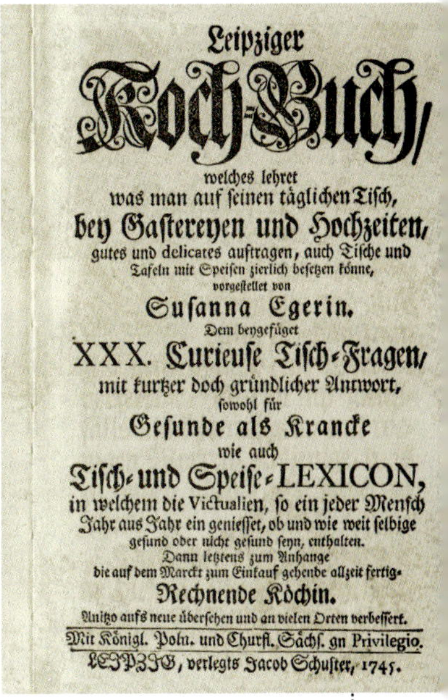

Leipziger
Koch-Buch,
welches lehret
was man auf seinen täglichen Tisch,
bey Gastereyen und Hochzeiten,
gutes und delicates auftragen, auch Tische und
Tafeln mit Speisen zierlich besetzen könne,
vorgestellet von
Susanna Egerin.
Dem beygefüget
XXX. Curieuse Tisch-Fragen,
mit kurtzer doch gründlicher Antwort,
sowohl für
Gesunde als Krancke
wie auch
Tisch- und Speise-LEXICON,
in welchem die Victualien, so ein jeder Mensch
Jahr aus Jahr ein geniesset, ob und wie weit selbige
gesund oder nicht gesund seyn, enthalten.
Dann letztens zum Anhange
die auf dem Marckt zum Einkauf gehende allzeit fertig-
Rechnende Köchin.
Anitzo aufs neue übersehen und an vielen Orten verbessert.
Mit Königl. Poln. und Churfl. Sächs. gn Privilegio.
LEIPZIG, verlegts Jacob Schuster, 1745.

Das Titelblatt des 1745 erschienen Leipziger Kochbuchs.

Susanna Eger lebt an einem Ort, der einem Schlaraffenland gleicht: in der Reichstraße, zentral. Und wie ein Maler, der mit wachen Sinnen durch die Welt geht und Farben und Formen in sich aufsaugt, um seine Eindrücke auf der Leinwand zu Kunst zu verarbeiten, wie ein Musiker, der einzelne Töne zu großartigen Kompositionen vereint, streift die Egerin zu Markttagen – drei Mal in der Woche – vor dem Alten Rathaus entlang und taucht am Naschmarkt in die Fülle von Äpfeln, Kirschen, Birnen und derlei Herrlichkeiten mehr ein, um sie dann in ihrer Küche zu betörenden Rezepten zu verarbeiten, die sie der Nachwelt hinterlassen wird. „Außerdem befanden sich dort im ‚Burgkeller' das städtische Bierzentrum und die Garküchen. Ob sich die Egerin dort Anregungen holte, wissen wir nicht. Aber wahrscheinlich hatte sie das gar nicht nötig. Leipzig war gut versorgt. Was nicht vom Umland kam, brachten Händler aus der Ferne her. Das reiche Warenangebot vor Ort findet im ‚Leipziger Kochbuch' deshalb genauso seinen Niederschlag wie Gaumenfreuden anderer Regionen und Länder, die die zahlreichen Fremden in die Stadt brachten“, ordnet Pilz ein.

Und es verkauft sich gut, das Kochbuch der Susanna Eger. 1706 bringt sie es unter dem beeindruckenden Titel *Leipziger Koch-Buch, welches lehret, was man auf seinen täglichen Tisch, bey Gastereyen und Hochzeiten, gutes und delicates auftragen, auch Tische und Tafeln mit Speisen zierlich besetzen könne.* [...] *Dem beygefüget XXX. Curieuse Tisch-Fragen, mit kurtzer doch gründlicher Antwort, sowohl für Gesunde als Krancke wie auch Tisch- und Speise-Lexicon, in welchem die Victualien, so ein jeder Mensch Jahr aus Jahr ein geniesset, ob und wie weit selbige gesund oder nicht gesund seyn, enthalten. Dann letztens zum Anhange die auf dem Marckt zum Einkauf gehende allzeit fertig-Rechnende Köchin heraus.* In den Jahren 1712 und 1745 wird es neu aufgelegt. Es sei damals in den bürgerlichen Haushalten üblich gewesen, dass man all das, was sich für Heim und Herd als nützlich erwiesen hatte, für die Töchter in einem Büchlein aufschrieb und die Egerin habe sich zu jener Zeit auch „einen hervorragenden Ruf als ‚Küchenkundige' erworben", erläutert Pilz in seinem Aufsatz. Dass sie mit dem Buch auch einiges verdient, dürfte ihr recht gewesen sein, denn sie habe zwar zum Bürgertum gehört, „aber mit Sicherheit nicht zu den Vermögenden. So ist es sehr wahrscheinlich, dass sie nach dem Tode ihres Mannes ein Zubrot gut gebrauchen konnte, das sie sowohl als ‚Kochweib' bei Festlichkeiten in wohlhabenden Häusern erwarb wie auch durch die Veröffentlichung ihrer Rezepte", so der Autor. Würde man eine Frau heute als Kochweib titulieren, sie würde einem vermutlich wahlweise das Nudelholz oder die High-Heels um die Ohren hauen. Im Barock allerdings war das durchaus ein Kompliment. Und nicht nur im Barock: Pilz zufolge sind „Kochfrauen" noch bis ins 20. Jahrhundert in den Adressbüchern aufgeführt. Ihre Aufgabe besteht zum Beispiel darin, bei Festen für die kulinarischen Freuden der Gäste zu sorgen. Und dass zumindest der Egerin dabei jede Menge einfällt, beweist ihr Kochbuch mit rund 900 Rezepten. Wobei: Nach

„Curieuse Tisch-Fragen, mit kurtzer doch gründlicher Antwort, sowohl für Gesunde als Krancke wie auch Tisch- und Speise-Lexicon, in welchem die Victualien, so ein jeder Mensch Jahr aus Jahr ein geniesset, ob und wie weit selbige gesund oder nicht gesund seyn, enthalten. Dann letztens zum Anhange die auf dem Marckt zum Einkauf gehende allzeit fertig-Rechnende Köchin heraus."

gründlichem Studium des Büchleins kann die Hausfrau vielleicht auch ohne Kochweib ausgezeichnet vor ihren Gästen brillieren. Denn am Ende ihres Buches erteilt Eger sogar eine Anweisung „Wie so wohl eine lange und Oval-Tafel, als auch ein rund- und viereckiger Tisch laut beygefügten Figuren mit Speisen zu besetzen sey." Selbst wenn mal kein guter Wein im Haus sein sollte, weiß sie einen Trick, wie „Geringen Wein so gut (zu) machen als Rheinischen". Und sollte der edle oder nicht so edle Tropfen die Farbe verlieren, empfiehlt sie: „So nimm auff zwey Eymer ein halb Pfund Holunder-Blüthen, hänge sie in einem leinen Säcklein in den Wein, so wird er frisch, bekommet seine Farbe und bleibet beständig." Na dann kann ja nichts mehr schiefgehen. Prost!

„Wie so wohl eine lange und Oval-Tafel, als auch ein rund- und viereckiger Tisch laut beygefügten Figuren mit Speisen zu besetzen sey."

Erinnerungsorte:

Die Familie Eger lebte in der Reichsstraße.
Das Berufliche Schulzentrum 10 für Ernährung, Hauswirtschaft, Textiltechnik und Bekleidung der Stadt Leipzig ist seit 2005 nach Susanna Eger benannt.

Der letzte Akt

Das Ende des Hanswursts

„Lieber Leser. Hier hast du was zu lesen. Nicht etwas von einem grossen gelehrten Manne; Nein! nur von einer Frau, deren Namen du aussen wirst gebunden haben, und deren Stand du unter den geringsten Leuten suchen mußt: Denn sie ist nichts, als eine Comödiantin; von Geburt eine Deutsche." Diese Worte schreibt Friederike Caroline Neuber, geborene Weißenborn, in der Vorrede zu ihrem Stück *Ein Deutsches Vorspiel* über sich selbst. Als „Die Neuberin" diese Zeilen 1734 verfasst, liegt ein langer, steiniger Weg hinter ihr. Flucht, Vertreibung, Erfolg und Misserfolg, Bündnisse und Zerwürfnisse haben sie bis zu diesem Punkt gebracht. Und ihrem dramatischen Lebensweg – der eng an Leipzig geknüpft ist – folgt, einer antiken Tragödie gleich, ein tragisches Ende in Dresden.

„Über ihre Kindheit weiß man wenig", erzählt Buchautorin Christine Fischer, „doch so viel ist bekannt, dass Friederike am 9. März 1697 in Reichenbach im Vogtland geboren wird." Schon früh begehrt das freiheitsliebende Mädchen gegen seinen tyrannischen Vater Daniel Weißenborn auf. Immer wieder versucht die Halbwaise – ihre Mutter verstarb, als sie gerade einmal acht Jahre alt war – vor dem strengen Advokaten zu fliehen. Nach einem weiteren Ausbruchsversuch eskaliert die Situation. Der Vater will ein Exempel statuieren. Er lässt die 15-Jährige in Polizeigewahrsam nehmen. Erst nach 13 Monaten, im Juni 1713, kommt sie wieder auf freien Fuß, muss aber zu ihrem Vater zurückkehren. Vier weitere qualvolle Jahre bleibt sie bei ihm und plant derweil erneut ihre Flucht.

Diesmal hat sie Unterstützung – ein Mann ist in ihr Leben getreten: der Gutsbesitzersohn und Lateinschüler Johann Neuber. Gemeinsam wollen beide fliehen. Und dieses Mal ist das

Friederike Caroline Neuber wusste was sie wollte, und konnte bisweilen ihre Ziele auch erreichen.

Glück auf ihrer Seite: Der Plan gelingt. Nun ist Friederike zwar frei, leicht ist ihr Leben deshalb aber keineswegs, denn: „Trotz ihrer Flucht stehen ihr nur noch wenige Wege offen", verdeutlicht die Autorin. „Entweder das Kloster oder das fahrende Volk. Gemeinsam mit ihrem Freund entscheidet sie sich für ein Leben als Komödiantin."
Johann und Friederike stehen bei der Komödiantengruppe um Christian Spiegelberg in Weißenberg in Lohn und Brot, bis 1718 bei den beiden die Hochzeitsglocken läuten. „Jetzt wechseln sie die Compagnie. Für das Paar beginnt eine aufregende Zeit", berichtet Christine Fischer: „Sie wandern von Ort zu Ort, gastieren in Dresden, Hannover, Hamburg, Nürnberg, Frankfurt am Main, Braunschweig, Leipzig und Breslau." Im Jahr 1727 wagt Friederike einen weiteren mutigen Schritt, sie gründet gemeinsam mit ihrem Mann in Leipzig die „Neubersche Komödiantengesellschaft". Immer mehr Schauspieler gruppieren sich um das Ehepaar. „Offiziell tritt Johann als Leiter auf, doch Friederike ist die tatsächliche Prinzipalin", schildert die Autorin die Rollenverteilung. Ein erster Erfolg stellt sich ein, August der Starke (1670-1733) verleiht ihr das Sächsisch-Polnische Hof-Komödianten-Privileg, und so kann sie während der Leipziger Messen auf einer festen Bühne auftreten. In seinem Zeit-Artikel *Mit Wut und Mut* schreibt Peter Kümmel: „Zu Ostern spielen sie erstmals an jenem Ort, der ihre wichtigste Bühne wird, in Leipzig 'auf den Böden über den Fleischbänken', nahe der Börse, also mitten im Messegeschehen."

Nicht nur den Schauspielern und dem Publikum fällt das Talent der Neuberin auf, auch der Leipziger Literaturprofessor Johann Christoph Gottsched (1700-1766) findet Gefallen an der resoluten Dame und verhilft ihr zum Durchbruch. Beide teilen die gleichen Ansichten über den Zustand der Schauspielkunst und den schlechten Geschmack des Publikums. Sowohl der Praktikerin als auch dem Theoretiker stößt das Derbe und Dreiste auf. Peter Kümmel schreibt dazu, Gottsched verachte das Stegreifspiel, die Zauber-, Opern- und Zirkuseffekte, und die Neuberin teile seine Verachtung. Gottsched nennt Friederike Neuber eine Frau, „die gewiss in der Vorstellungskunst keiner Französin oder Engelländerin etwas nachgibt". So verwundert es nicht, dass die beiden ins Geschäft kommen. Gottsched liefert hochwertige Übersetzungen vorwiegend französischer Stücke, und Friederike setzt diese entsprechend um. Und im Herbst 1731 können die Leipziger die Uraufführung von Gottscheds *Der sterbende Cato* durch die Neubersche Gesellschaft erleben.

Damit unterstreicht die Neuberin ein weiteres Mal, dass es ihr, wie Kümmel ausführt, wichtig ist: „Über das Bühnengeschehen hinaus, auch [...], die Ehrbarkeit des Theaters selbst zu demonstrieren. Die dargestellte edle Welt soll zurückleuchten auf die sich zur Schau stellenden Theaterkünstler." Sie selbst beschreibt in ihrem *Entwurf auf was Weise zur Ehre und zum Vortheil der Stadt Hamburg eine wohlgerichtete Comedie unterhalten werden kann*: „Die Comedie ist bemüht den Unterschied der Tugend und der Laster anzuzeigen, und beyder nothwendige Folgen zu entdecken [...]. Eine solche Vorstellung drückt sich mit der Zeit in die Gemüther ein, und macht allmählig ein Volk bescheidner und sittlicher. Die Tragedie gehet noch weiter. Sie bringet uns die erhabensten Begriffe von der Tugend bey [...]. Sie erwecket eine Liebe zu der Obrigkeit, eine Hochachtung für die Gesetze, und eine Neigung zu der vernünftigen Freyheit."

Christine Fischer Auge in Auge mit Friederike Caroline Neuber.

Christine Fischer erklärt: „Friederike fordert damit, dass das deutsche Theater sich moralisch-sittlich orientieren sollte – lange bevor Schiller es tut." Wie sehr die Neuberin von der Richtigkeit ihres Weges überzeugt ist, unterstreicht der Entwurf ebenfalls: „Diese schreckliche Barbarey hat so lange gedauert, bis die Neubersche Gesellschaft, durch den Beystand verschiedener kluger und gelehrter Männer, diese Greuel verworfen und die Schaubühne von ihrem Unflate zu säubern angefangen."

Vom bisherigen obszönen Improvisationsspiel rund um die lustige Figur des Hanswursts grenzt sie sich bewusst ab in ihrer Posse *Der alte und der neue Geschmack*: *Halt halt, Herr Harlekin, dein Wurstel-Trei-*

ben / soll nicht mehr am Theater bleiben, / hiermit zerbrech ich Stab und Wort, / verbanne Dich von diesem Ort!

Doch nach dem Aufstieg kommt der Fall: Mit dem Tod August des Starken 1733 erlischt ihr Privileg und statt ihrer wird der Theaterprinzipal und Hanswurst-Darsteller Joseph Ferdinand Müller (um 1700-1761) sächsischer Hofkomödiant. Ein erbitterter Streit beginnt um die Leipziger Bühne über den Fleischbänken. 1734 rechnet die Neuberin mit Müller ab: In ihrer dramatischen Allegorie *Ein deutsches Vorspiel* macht sie die Streitigkeiten mit ihrem Kontrahenten öffentlich. Jedoch ohne Erfolg, Müller siegt und sie muss samt ihrer Truppe Leipzig verlassen.

Doch nicht nur dass, auch die so glücklich geknüpfte Verbindung mit Gottsched zerbricht 1739 nach neun Jahren. „Die An-sichten der beiden weichen weit voneinander ab", erklärt Christine Fischer, „trotzdem hält Friederike an ihren Prinzipien fest und versucht beharrlich, auch den Schauspielerstand als solchen aufzuwerten."

Zu dieser Zeit hat Friederike noch schwerwiegendere Sorgen als die Trennung von Gottsched: Zwar gehört die Neuber'sche Truppe zu den erfolgreichsten im deutschsprachigen Raum, dennoch ist der wirtschaftliche Erfolg nicht selbstverständlich: Sie muss immer auf eine Balance zwischen Kommerz und Kunstanspruch achten. Schließlich bevorzugt der Hof die italienische Oper und die Massen des Volks die deftige Kost. Dann gibt es endlich einen Hoffnungsschimmer: Die Truppe ist im Jahr 1740 an den Zarenhof in St. Petersburg eingeladen. Zarin Anna Iwanowna (1693-1740) ist derart begeistert von der schauspielerischen Leistung, dass sie die Mitglieder der Schauspieltruppe zu Hofschauspielern befördert. Doch die Freude darüber währt nur kurz. Die Zarin stirbt im Herbst desselben Jahres und damit endet für die Neuber'sche Truppe die Gunst des russischen Hofes auch schon wieder. Enttäuscht kehrt sie nach einem eisigen Winter im Frühjahr 1741 nach Deutschland zurück. Friederike Caroline Neuber schafft es erneut, in Leipzig

„Die Ansichten der beiden weichen weit voneinander ab, trotzdem hält Friederike an ihren Prinzipien fest und versucht beharrlich, auch den Schauspielerstand als solchen aufzuwerten."

einen festen Spielort zu bekommen . Hier führt sie am 18. September ihr Vorspiel *Der allerkostbarste Schatz* auf, in dem sie Gottsched lächerlich macht, und damit spektakulär den endgültigen Bruch mit ihrem einstigen Verbündeten auf die Bühne bringt. Doch der wirtschaftliche Erfolg stellt sich nicht ein, und so muss sie ihre Truppe schweren Herzens im Jahr 1743 auflösen.

„Aufgeben kommt für sie aber nicht infrage", beschreibt Christine Fischer diese Übergangsphase. „Schon ein Jahr später gründet die Neuberin eine neue Schauspielgesellschaft." Und sie bleibt der Bürgerstadt treu und wagt ihren erneuten Anlauf wieder in Leipzig.

Ihre Hartnäckigkeit zahlt sich aus, denn sie kann einen sehr treuen Zuschauer gewinnen, der seinen Sitzplatz mit dem Übersetzen französischer Dramen bezahlt: Gotthold Ephraim Lessing (1729-1781). Er schreibt darüber: „Diese Mühe ward mir durch das dasige Theater, welches in sehr blühenden Umständen war, ungemein erleichtert, muss ich sagen, weil ich von demselben hundert wichtige Kleinigkeiten lernte, die ein dramatischer Dichter lernen muss." Kein Wunder, dass Lessing sich traut, der Neuberin sein erstes Stück zum Lesen zu geben. Voller Freude berichtet er über ihre Reaktion: „Mit so vielen Verbesserungen unterdessen, als ich nur immer hatte anbringen können, kam mein *junger Gelehrter* in die Hände der Frau Neuber. Auch ihr Urteil verlangte ich; aber anstatt des Urteils erwies sie mir die Ehre, die sie sonst einem angehenden Komödienschreiber nicht leicht zu erweisen pflegte: sie ließ ihn aufführen." So kommt es dazu, dass die

Mit Hoher Obrigkeitlicher Bewilligung
Wird heute von den
Königl. Polnischen Churfürstl. Sächsischen
und
Hochfürstl. Braunsw. Püneb. Wolffenb.
nunmehro auch
Hochfürstl. Schleßwig-Holsteinischen
Hof-Comödianten
Ein deutsches Schauspiel vorgestellet werden,
genannt:
Die vermeinte Wittwe.
Oder:
Der zaubernde Ehemann.
Imgleichen:
Das Gespenste mit der Trommel.
Dieses neue lustige Stück ist nach dem Englischen des Herrn Addison, von der Frau Louise Adelgunda Victoria Gottsched geb. Kulmus in Leipzig ins Deutsche übersetzet
Personen:
Der Baron.
Die Baronin, seine Gemahlin.
Marquis,)
Leander,) der Baronin Liebhaber.
Catrine, eine alte Ausgeberin im Schlosse.
Ein alter Verwalter.
Der Kellner.
Der Kutscher.
Der Gärtner.
Etliche Diener.
Hierauf folget zum Beschluß:
Eine lustige Nach-Comödie.
Der Anfang ist um halb 5. Uhr, in dem sogenannten Opern-Hause auf dem Gänse-Marckt in Hamburg. Die Person giebt auf den ersten Rang Logen 2. Marck, auf den andern Rang Logen 1. Marck 8. Schill. Parterre 1. Marck und Gallerie oder auf dem letzten Platz 8. Schill. Es können auch Vormittags im Hause, am Gänsemarckt Eck hinter der Bleichen Billets abgeholet werden.
Montags, den 8. September 1738. Johann Neuber

Theaterzettel der Schauspieltruppe aus dem Jahr 1738.

Neuberin am 8. Januar 1748 Lessings erstes Lustspiel *Der junge Gelehrte* in Leipzig uraufführt.
„Sie gibt jungen Talenten immer wieder eine Chance und fördert sie", lobt Christine Fischer und resümiert: „Damit schafft sie sich aber auch weitere Konkurrenz, die ihr zum Verhängnis wird." Im Sommer 1748 verlassen wichtige Schauspieler die Neuberin und einer davon wird ihr nicht nur ihr Privilieg, sondern auch ihre Bühne wegnehmen. Zudem schwinden die Einnahmen stetig, da kaum noch Zuschauer kommen. Im Jahr 1750 steht Friederike vor dem endgültigen Aus. Zwar ist die Neuberin noch immer eine Berühmtheit, wird auch 1753 noch einmal als Schauspielerin nach Wien eingeladen, doch auf die Beine kommt sie nicht mehr.

„Sie gibt jungen Talenten immer wieder eine Chance und fördert sie. Damit schafft sie sich aber auch weitere Konkurrenz, die ihr zum Verhängis wird."

Drei Jahre später fallen die Truppen Friedrichs des Großen in Sachsen ein – was den Auftakt des Siebenjährigen Kriegs bedeutet und die Situation der Schauspieler erneut erschwert: „Die Komödianten können nicht mehr von Spielstätte zu Spielstätte ziehen, da sie jederzeit damit rechnen müssen, in Kampfhandlungen verstrickt zu werden", erklärt Christine Fischer.
Doch das Ehepaar Neuber hat Glück im Unglück. Beide kommen in Dresden bei dem kurfürstlich-königlichen Leibarzt Dr. Löber unter. Über diese Zeit schreibt Friederike an einen Freund: *Jetzund, bin ich die Neuberin und weder Lisgen noch Zayre, / Doch sticht mich noch der junge Geck, das Ouodlibet und die Satyre. Wovon mag doch der Wurm noch leben? Ich geb ihm weder Brod noch Wein, / Und von mir keine Nahrungssäfte, doch schleicht das Ungeziefer ein.*
Im Jahr 1759 stirbt ihr Mann, und als Dresden im Sommer 1760 von Preußen beschossen wird, flieht sie in das Dorf Laubegast an der Elbe. Dort findet die Neuberin bei einem einfachen Bauern Unterschlupf. Viel Zeit bleibt nicht mehr, bis der letzte Vorhang für die Wegbereiterin des Nationaltheaters fällt: Sie stirbt einsam und allein am 29. November 1760 um ein Uhr früh.

Ohne Trauerfeier, ohne jeglichen Glanz wird sie in einem einfachen Holzsarg beerdigt. 15 Jahre später würdigen Laubegaster Bürger ihr Lebenswerk mit einem Denkmal, das die Inschrift trägt: *Dem verdienten Andenken einer Frau voll männlichen Geistes, der berühmtesten Schauspielerin ihrer Zeit, der Urheberin des guten Geschmacks auf der teutschen Bühne.*

....

Erinnerungsorte:

Die Neuberin trat mit ihrer Truppe von 1727-1734 bei den Fleischbänken in der Reichsstraße (heute Standort Handelshof) auf. Sie spielten auch bei Boses Garten vor dem Grimmaischen Tor und bei Zotens Hof (heute Oelßners Hof), Nikolaistraße 24 und im Haus Großer Blumenberg (heute am Richard-Wagner-Platz).
Im Schauspielhaus Bosestraße 1 steht im Foyer in der 1. Etage eine Büste mit einer Gedenktafel.

Allgemeine musikalische Zeitung. Band 30, Nr. 48, November 1828, S. 806.

Bennholdt-Thomsen, Anke und Alfredo Guzzoni: Gelehrsamkeit und Leidenschaft: Das Leben der Ernestine Christine Reiske. München 1992.

Berndt, Dr. Sandra: Adams Lehmann, Hope Bridges (Dr. med.). URL: https://www.leipzig.de/jugend-familie-und-soziales/frauen/1000-jahre-leipzig-100-frauenportraets/detailseite-frauenportraets/projekt/adams-lehmann-hope-bridges-dr-med/. Abgerufen am 23.07.2019.

Berndt, Dr. Sandra: Gottsched, Luise Adelgunde Victorie (geborene Kulmus). https://www.leipzig.de/jugend-familie-und-soziales/frauen/1000-jahre-leipzig-100-frauenportraets/detailseite-frauenportraets/projekt/gottsched-luise-adelgunde-victorie-geborene-kulmus/. Abgerufen am 23.07.2019.

Berndt, Dr. Sandra: Louise Haufe. URL: https://www.leipzig.de/jugend-familie-und-soziales/frauen/1000-jahre-leipzig-100-frauenportraets/detailseite-frauenportraets/projekt/haufe-louise-verheiratet-haertel/ 2017. Abgerufen am 23.07.2019.

Borchard, Beatrix: Clara Schumann – Ihr Leben. Eine biographische Montage, 3, Hildesheim 2015.

Brück, Marion: „Schumann, Clara Josephine geborene Wieck“. In: Neue Deutsche Biographie (NDB), Berlin 2007, S. 746–749.

Gottsched, Johann Christoph: Briefwechsel. Berlin 2008, S. 7.

Hübner, Maria: Anna Magdalena Bach. Ein Leben in Dokumenten und Bildern. Mit einem biographischen Essay von Hans-Joachim Schulze, Leipzig 2004.

John, Barbara: Elisabeth Voigt. Eine Künstlerin im Strudel der Zeit. Leipzig 2017.

Jorek, Rita: Diese Poesie ist Ordnung und Anarchie. Warmbronner Schriften 24/2010, Seiten 22-32.

Jorek, Rita: Pozzo dei desideri: Epithalamia di Elsa Asenijeff. Un postludio fiorentino. In: Maria Chiara Mocali, Claudia Vitale (Herausgeberinnen): Cultura Tedesca a Firenze. Scrittrici tra Otto e Novecento. Firenze 2005.

Jorek, Rita: Nachwort und Zeittafel zu: Elsa Asenijeff: Tagebuchblätter einer Emancipierten (1902). Herausgegeben von Henriette Herwig und Rita Jorek. Mellrichstadt 2003.

Jorek, Rita: Herausgeberin aus dem Nachlass: Elsa Asenijeff: Bilanz der Moderne. Gedichte. Stockheim 2010.

Jorek, Rita: Herausgeberin aus dem Nachlass: Elsa Asenijeff: Die sengende Passion oder Studien zu Tatjana. Rekonstruktion eines Liebespoems mit 7 Holzschnitten von Dagmar Zehnel. Leipzig 2017.

Jorek, Rita: Heimatlose Dichterinnen. Die Schicksale von Elsa Asenijeff und Helga M. Novak. LOUISEum 34. Herausgegeben von Gerlinde Kämmerer und Hannelore Rothenburg. 2013.

Jorek, Rita: Ich bin ostdeutsch. Anmerkungen zur Schriftstellerin Helga M. Novak. In: Leipziger Blätter. Heft 30/1997.

Jorek, Rita: „Novak, Helga“. In. Stadt Leipzig, Frauenporträts. URL: https://www.leipzig.de/jugend-familie-und-soziales/frauen/1000-jahre-leipzig-100-frauenportraets/detailseite-frauenportraets/projekt/novak-helga-m-geborene-nowak-maria-karlsdottir/. Abgerufen am 01.08.2019.

Jorek, Rita: Suche nach Ursprung und Wahrheit in Helga M. Novaks letzten Texten. In: Marion Brandt (Herausgeberin): Unterwegs und zurückgesehnt. Studien zum Werk von Helga M. Novak mit Erinnerungen an die Dichterin. Gdan´sk 2017.

Jorek, Rita: „Voigt, Elisabeth“. In: Stadt Leipzig, Frauenporträts. URL: https://www.leipzig.de/jugend-familie-und-soziales/frauen/1000-jahre-leipzig-100-frauenportraets/detailseite-frauenportraets/projekt/voigt-elisabeth/. Abgerufen am 02.08.2019.

Jorek, Rita: “Wolff-Arndt, Philippine”. In: Stadt Leipzig, Frauenportäts. URL: https://www.leipzig.de/jugend-familie-und-soziales/frauen/1000-jahre-leipzig-100-frauenportraets/detailseite-frauenportraets/projekt/wolff-arndt-philippine/. Abgerufen am 10.08.2019.

Kämmerer, Gelinde: „Bach, Anna Magdalena“. In: Stadt Leipzig, Frauenporträts. URL: https://www.leipzig.de/jugend-familie-und-soziales/frauen/1000-jahre-leipzig-100-frauenportraets/detailseite-frauenportraets/projekt/bach-anna-magdalena/. Abgerufen am 10.08.2019.

Kämmerer, Gelinde: „Burgheim, Hedwig“. In: Stadt Leipzig, Frauenporträts. URL: https://www.leipzig.de/jugend-familie-und-soziales/frauen/1000-jahre-leipzig-100-frauenportraets/detailseite-frauenportraets/projekt/burgheim-hedwig/. Abgerufen am 02.08.2019.

Kämmerer, Gerlinde: „Heinicke, Anna Catharina Elisabeth“. In: Stadt Leipzig, Frauenporträts. URL: https://www.leipzig.de/jugend-familie-und-soziales/frauen/1000-jahre-leipzig-100-frauenportraets/detailseite-frauenportraets/projekt/heinicke-anna-catharina-elisabeth-geborene-kludt/. Abgerufen am 30.07.2019.

Kämmerer, Gerlinde: Otto-Peters, Louise. URL: https://www.leipzig.de/jugend-familie-und-soziales/frauen/1000-jahre-leipzig-100-frauenportraets/detailseite-frauenportraets/projekt/otto-peters-louise-geborene-otto/. Abgerufen am 27.07.2019.

Kämmerer, Gerlinde: „Reiske, Ernestine Christine“. In: Stadt Leipzig, Frauenporträts.URL: https://www.leipzig.de/jugend-familie-und-soziales/frauen/1000-jahre-leipzig-100-frauenportraets/detailseite-frauenportraets/projekt/reiske-ernestine-christine-geborene-mueller/. Abgerufen am 30.07.2019.

Kämmerer, Gerlinde: „Schumann, Clara“. In Stadt Leipzig, Frauenporträts. URL: https://www.leipzig.de/jugend-familie-und-soziales/frauen/1000-jahre-leipzig-100-frauenportraets/detailseite-frauenportraets/projekt/schumann-clara-geborene-wieck/.

Abgerufen am 02.08.2019.

Kämmerer, Gerlinde: „Von Widebach, Apollonia“. In: Stadt Leipzig, Frauenporträts. URL: https://www.leipzig.de/jugend-familie-und-soziales/frauen/1000-jahre-leipzig-100-frauenportraets/detailseite-frauenportraets/projekt/von-wiedebach-apollonia-geborene-alnpeck/. Abgerufen am 30.07.2019.

Kämmerer, Gerlinde: „Wehnert-Beckmann, Bertha“. In: Stadt Leipzig, Frauenporträts. URL: https://www.leipzig.de/jugend-familie-und-soziales/frauen/1000-jahre-leipzig-100-frauenportraets/detailseite-frauenportraets/projekt/wehnert-beckmann-bertha-ernestine-henriette-geborene-beckmann/. Abgerufen am 31.07.2019.

Kämmerer, Gerlinde: „Ziegler, Christiana Mariana von“. In: Stadt Leipzig, Frauenporträts. URL: https://www.leipzig.de/jugend-familie-und-soziales/frauen/1000-jahre-leipzig-100-frauenportraets/detailseite-frauenportraets/projekt/von-ziegler-christiana-mariana-geborene-romanus-verwitwet-von-koenitz-verheiratet-von-steinwehr/- Abgerufen am 30.07.2019-

Knopf, Sabine: „Dürr, Else“. In: Stadt Leipzig Frauenporträts. URL: https://www.leipzig.de/jugend-familie-und-soziales/frauen/1000-jahre-leipzig-100-frauenportraets/detailseite-frauenportraets/projekt/duerr-else-geborene-gontard/. Abgerufen am 31.07.2019.

Knopf, Sabine: „Kippenberg, Katharina“. In: Stadt Leipzig, Frauenporträts. URL: https://www.leipzig.de/jugend-familie-und-soziales/frauen/1000-jahre-leipzig-100-frauenportraets/detailseite-frauenportraets/projekt/kippenberg-katharina/. Abgerufen am 27.07.2019.

Krebs, Carl: “Schumann, Clara”. In: Allgemeine Deutsche Biographie (ADB). Band 54, Duncker & Humblot, Leipzig 1908, S. 262–268.

Litzmann, Berthold: Clara Schumann. Ein Künstlerleben. Nach Tagebüchern und Briefen. 1. Band, Leipzig 1902. S. 190, S.197.

Löffler, Katrin; Schöpa, Iris; Sprinz, Heidrun: Der Leipziger Südfriedhof. Leipzig, 2. erweiterte Auflage 2004, S. 49.

Matschenz, Gudrun; Reichelt, Renate: „Pfau, Ruth.“ In: Stadt Leipzig, Frauenportäts. URL: https://www.leipzig.de/jugend-familie-und-soziales/frauen/1000-jahre-leipzig-100-frauenportraets/detailseite-frauenportraets/projekt/pfau-ruth-dr/. Abgerufen am 04.08.2019.

Michel, Dr. Marion: „Zeitschel, Charlotte“. URL: https://www.leipzig.de/jugend-familie-und-soziales/frauen/1000-jahre-leipzig-100-frauenportraets/detailseite-frauenportraets/projekt/zeitschel-charlotte/. Abgerufen am 24.07.2019.

Mundus, Doris: „Grabau-Bühnau, Henriette“. URL: https://www.leipzig.de/jugend-familie-und-soziales/frauen/1000-jahre-leipzig-100-frauenportraets/detailseite-frauenportraets/projekt/grabau-buenau-henriette-eleonore/. Abgerufen am 03.08.2019.

Mundus, Doris: „Schröter, Corona“. In: Stadt Leipzig, Frauenbiograifen. URL:

https://www.leipzig.de/jugend-familie-und-soziales/frauen/1000-jahre-leipzig-100-frauenportraets/detailseite-frauenportraets/projekt/schroeter-corona-elisabeth-wilhelmine/. Abgerufen am 02.08.2019.

Mundus, Doris: „Fleiß, Sparsamkeit und Treue. Frauenalltag im 19. Jahrhundert". In: Clara Schumann. Ein Künstlerinnenleben. Leipziger Blätter. Sonderedition. Leipzig 2019, S. 23—25.

Preißler, Nina: „Siebler, Josephine". In: Stadt Leipzig, Frauenporträts. URL: https://www.leipzig.de/jugend-familie-und-soziales/frauen/1000-jahre-leipzig-100-frauenportraets/. Abgerufen am 06.08.2019.

Reinlein, Tanja: Der Brief als Medium der Empfindsamkeit, Würzburg 2003, S. 78 ff.

Rothenburg, Hannelore: „Brandstetter, Johanna". In: Stadt Leipzig, Frauenporträts. URL: https://www.leipzig.de/jugend-familie-und-soziales/frauen/1000-jahre-leipzig-100-frauenportraets/detailseite-frauenportraets/projekt/brandstetter-johanna/. Abgerufen am 07.08.2019.

Schletterer, Hans Michael: „Schröter, Corona". In: Allgemeine Deutsche Biographie, herausgegeben von der Historischen Kommission bei der Bayerischen Akademie der Wissenschaften, Band 32 (1891), S. 560–567, Digitale Volltext-Ausgabe in Wikisource, URL: https://de.wikisource.org/w/index.php?title=ADB:Schr%C3%B6ter,_Corona&oldid. Abgerufen am 02.08.2019.

Stuttgarter Nachichten. URL: https://www.stuttgarter-nachrichten.de/inhalt.und-wo-blieb-das-unrechtsbewusstsein.6c095197-b0f7-47f1-aaef-25331c404b87.html. Abgerufen am 13.08.2019.

Tartz, Ute: Elisabeth Voigt, Frauenpersönlichkeiten in Leipzig. URL: http://research.uni-leipzig.de/agintern/frauen/voigt-e.htm. Abgerufen am 02.08.2019.

Von Arnim, Carl Otto Ludwig: Flüchtige Bemerkungen eines Flüchtig-Reisenden, Berlin 1841, S. 16-17.

Wolff, Dr. Kerstin: Unsere Stimme zählt. Überlingen 2018. S. 25 ff.
Zeidler, Ingeburg: „Espenhayn, Kay": In: Stadt Leipzig, Frauenporträts. URL:https://www.leipzig.de/jugend-familie-und-soziales/frauen/1000-jahre-leipzig-100-frauenportraets/detailseite-frauenportraets/projekt/espenhayn-kay/. Abgerufen am 04.08.2019.

Zeidler, Dr. Ingeburg: „Goetz, Fanny". In: Stadt Leipzig, Frauenporträts. URL:https://www.leipzig.de/jugend-familie-und-soziales/frauen/1000-jahre-leipzig-100-frauenportraets/detailseite-frauenportraets/projekt/goetz-fanny/. Abgerufen am 04.08.2019.

Zeidler, Dr. Ingeburg: „Frauen- und Mädchenturnen". In: Festschrift 150 Jahre Allgemeiner Turnverein zu Leipzig von 1845 e. V. Leipzig 1996, S. 64-69.

Zeidler, Dr. Ingeburg: „Turnen und Turnfeste in großer Tradition". In: Leipzig sportlich: Das Sportleben der Stadt in Vergangenheit, Gegenwart und Zukunft. Leipzig 2002.

Zeidler, Dr. Ingeburg. „Erika Zuchold". In: Sportmuseum Leipzig: Zeitschrift

des Fördervereins Sächsisches Sportmuseum Leipzig e. V., Leipzig 2016, S. 28-30.
Zeidler, Dr. Ingeburg: „Fanny Goetz". In: Sportmuseum Leipzig: Zeitschrift des Fördervereins Sächsisches Sportmuseum Leipzig e. V., Leipzig, 2018, S. 19-22.

Zeidler, Dr. Ingeburg: „Schwimmen: Die Geschichte des Schwimmsports und seine Entwicklung in Leipzig". In. In Bewegung – Meilensteine der Leipziger Sportgeschichte: Begleitbuch zur Ausstellung im Stadtgeschichtlichen Museum Leipzig, Leipzig, 2018.

Zeitschel, Charlotte: Dr. Margarete-Blank-Gedenkstätte Panitzsch, herausgegeben vom Interessenverband ehemaliger Teilnehmer am antifaschistischen Widerstand, Verfolgter des Naziregimes und Hinterbliebener e. V. Leipzig 199.

Bildnachweis

Cover:
Vordergrund: Kathy - stock.adobe.com
Hintergrund: Gemeinfrei

S. 9. Fotohaus Kerstin Sänger

Clara Schumann
S. 10 Public Domain
S. 13 Doris Mundus
S. 14 Bundesbank
S. 15 Colomen CC BY-SA 4.0
S. 17 Gemeinfrei
S. 19 Gemeinfrei

Else Dürr
S. 21 Leipzig.de
S. 22 Gemeinfrei
S. 23 Gemeinfrei

Elisabeth Voigt
S. 25 Leipzig.de
S. 27 Susanna Jorek

Ruth Pfau
S.30 Martin Gertler /DAHW
S. 31 DAHW
S. 33 Gudrun Matschenz
S. 34 Gudrun Matschenz

Corona Schroeter
S. 36 Public Domain
S. 38 Doris Mundus

Helga Novak
S.42 Rita Jorek

Anna Magdalena Bach
S. 47 Public Domain
S. 49 Public Domain
S. 50 Maria Hübner

Ernestine Christine Reiske
S. 53 fembio.org
S. 54 Stephan Kämmerer

Apollonia von Wiedebach
S. 58 Public Domain

Clara Zetkin
S. 63 Gemeinfrei
S. 64 Kerstin Wolff

Anna Catharina Elisabeth Heinicke
S. 68 Gemeinfrei
S. 71 Stephan Kämmerer

Louise Hauffe
S. 73 Heidebiber CC BY-SA 4.0

Charlotte Zeitschel
S.76 Dr. Marion Michel

Kay Espenhayn
S. 81 bvleipzig.de
S. 84 Ingeborg Zeidler

Josephine Siebe
S. 86 Gemeinfrei
S. 88 Sylvia Kolbe
S. 89 Sylvia Kolbe

Philippine Wolff-Arndt
S. 91 Autobiografie „Wir Frauen von einst“, Verlag E. Reinhardt, München 1929
S. 93 Susanna Jorek

Hedwig Burgheim
S. 95 Gerlinde Kämmerer
S. 96 Stolpersteine Giessen

Louise Otto-Peters
S. 100 Gemeinfrei
S. 102 Public Domain

Bertha Wehnert-Beckmann
S. 106 Gemeinfrei
S. 108 Stephan Kämmerer

Erika Zuchold
S. 111 Gemeinfrei

Johanna Brandstetter
S. 114 Sächsisches Staatsarchiv, StA Leipzig, 20533 RG Rüben, Familienarchiv Nr. 98

Hope Bridges Adams Lehmann
S. 119 Universitätsarchiv Leipzig

Elsa Asenijeff
S. 123 Gemeinfrei

Henriette Eleonore Grabau-Bünau
S. 128 Doris Mundus

Christiane Benedikte Naubert
S. 131 Gemeinfrei

Katharina Kippenberg
S. 137 Sabine Knopf

Fanny Goetz
S. 139 Karin Goetz-Dreher, Sportmuseum Leipzig
S. 140 Ingeburg Zeidler

Luise Adelgunde Victorie Gottsched
S. 144 Public Domain

Henriette von Crayen
S. 149 Gemeinfrei

Christiana Mariana von Ziegler
S. 152 Public Domain
S. 154 Stephan Kämmerer

Susanna Eger
S. 158 Gemeinfrei
S. 160 Gemeinfrei
S. 161 Gemeinfrei

Friederike Caroline Neuber
S. 164 Neuberin-Museum Reichenbach im Vogtland
S. 167 Christine Fischer
S. 168 Christine Fischer
S. 169 Gemeinfrei

Sollte trotz aufwendiger Recherche eine Bildquelle nicht korrekt oder unvollständig angegeben sein oder ein Rechteinhaber übersehen worden sein, bitten wir die betroffene Institution sich mit dem Verlag in Verbindung zu setzen.

Haftungsausschluss

Trotz intensiven Austauschs mit unseren Gesprächspartnern, gewissenhafter Literaturrecherche und aufmerksamem Korrekturlesen erheben wir weder einen Anspruch auf Vollständigkeit noch auf Fehlerlosigkeit. Wir haben streng darauf geachtet, keine Urheberrechte zu verletzen, unsere Recherchen sind nach bestem Wissen und Gewissen erfolgt. Dennoch übernehmen wir keinerlei Gewähr für die Aktualität, Korrektheit oder Vollständigkeit der bereitgestellten Informationen. Haftungsansprüche gegen uns schließen wir grundsätzlich aus.

SIE MÖCHTEN NOCH MEHR ÜBER

Leipzigs Frauen

WISSEN?

Hier gibt es sachkundige Informationen:

Christine Fischer
Unterhaltsame Führungen in und um Dresden. „DRESDEN für ZWEI"-Rundfahrten in Limousine der Oberklasse. Buchveröffentlichungen mit regionalem Bezug.
Telefon: 0351 / 2680706
Homepages:
www.dresdner-tourenservice.de
www.dresden-exklusiv.de
www.dresdner-autorin.de

Gerlinde Kämmerer
Erlesenes Leipzig: Unterwegs auf LeipzigTouren und FrauenSpuren, z. B. „Von Apollonia bis zur Zieglerin", „Von Musen und Musikerinnen – Musikstadt Leipzig weiblich" u.a.m.
Berggartenstraße 4
04155 Leipzig
Telefon: 0173 / 5652150
E-Mail: info@erlesenes-leipzig.de
Homepage: www.erlesenes-leipzig.de

Sylvia Kolbe
Stadtführungen in Leipzig seit 1984 – allgemein und thematisch, auch Kostümführungen und Rallyes.
E-Mail: sylvia-kolbe@gmx.net
Homepage: http://home.uni-leipzig.de/kolbe/kolbestadt.htm

Publikationen

Knopf, Sabine: Katharina Kippenberg - Herrin der Insel. Markkleeberg b. Leipzig, 2010.

Matschenz, Gudrun: Abenteuer Karachi/Pakistan – Zu Besuch bei Dr. Ruth Pfau in Pakistan: Leipzig, 2012.

Zeidler, Ingeburg: In Bewegung – Meilensteine der Leipziger Sportgeschichte, Leipzig 2018.

Louise-Otto-Peters-Gesellschaft e. V.

Die **Louise-Otto-Peters-Gesellschaft e.V.** ist ein 1993 in Leipzig gegründeter gemeinnütziger Verein mit rund 100 Mitgliedern im In- und Ausland und großem Sympathisant*innenkreis. Gefördert vom Referat für Gleichstellung der Stadt Leipzig hat sich die Louise-Otto-Peters-Gesellschaft e.V. erfolgreich zur anerkannten Auskunftstätte über die Schriftstellerin und Frauenpolitikerin Louise Otto-Peters (1819-1895) und die Geschichte der deutschen Frauenbewegung seit ihren Anfängen in Leipzig und Sachsen entwickelt. Das gleichnamige Archiv umfasst Personen- und Werkpapiere, Bücher, Briefe, Schriften, Akten, Abbildungen u.a.m., zumeist in Kopien, dazu Originalausgaben und Autographe von Louise Otto-Peters. Die auf das Sammlungsthema begrenzte Bibliothek bietet Interessent*innen ca. 1.000 Einheiten.

Sammeln und Bewahren sind nicht Selbstzweck, sondern Grundlage umfassender Forschungs-, Bildungs- und Öffentlichkeitsarbeit: Die Bestände sind systematisch erschlossen, um sie einem möglichst breiten Nutzer*innenkreis zugänglich zu machen. Für die „Neuen Bahnen", die Vereinszeitschrift des in Leipzig 1865 von Louise Otto-Peters und anderen gegründeten Allgemeinen Deutschen Frauenvereins, wurden analoge Personen-, Orts- und Schlagwortregister erarbeitet; für die von Louise Otto ab 1849 herausgegebene „Frauen-Zeitung" sind digitale Personen- und Ortsnachweise nutzbar. Bestandsnachweise und ausgewählte Archivalien sind zudem über das Digitale Deutsche Frau¬enarchiv abrufbar.

Um Leben, Werk und demokratisches Engagement Louise Otto-Peters' und ihrer Mitstreiter*innen einer breiten Öffentlichkeit bekanntzumachen, entwickelt der Verein unterschiedliche Formate und verbindet dabei historische Themen mit aktuellen Fragestellungen. Zu den Projekten des Vereins, die oft in Kooperation mit anderen Vereinen und Institutionen umgesetzt werden, gehören Vorträge, Tagungen, Ausstellungen und künstlerische Formate, dazu historisch-politische und kreative Bildungsarbeit mit Kindern und Jugendlichen, Stadtführungen, die Pflege bestehender und die Initiierung neuer Erinnerungsorte der Frauengeschichte sowie seit 2013 in Kooperation mit dem städtischen Referat für Gleichstellung die Arbeit am Leipziger Online-Portal „Frauen machen Geschichte - Leipziger Frauenporträts".

www.louiseottopeters-gesellschaft.de

EVA-MARIA BAST | HEIKE THISSEN
Leipziger
Geheimnisse
SPANNENDES AUS DER SACHSENMETROPOLE
MIT KENNERN DER STADTGESCHICHTE
LEIPZIGER VOLKSZEITUNG
PREIS-
GEKRÖNTE
BUCHREIHE

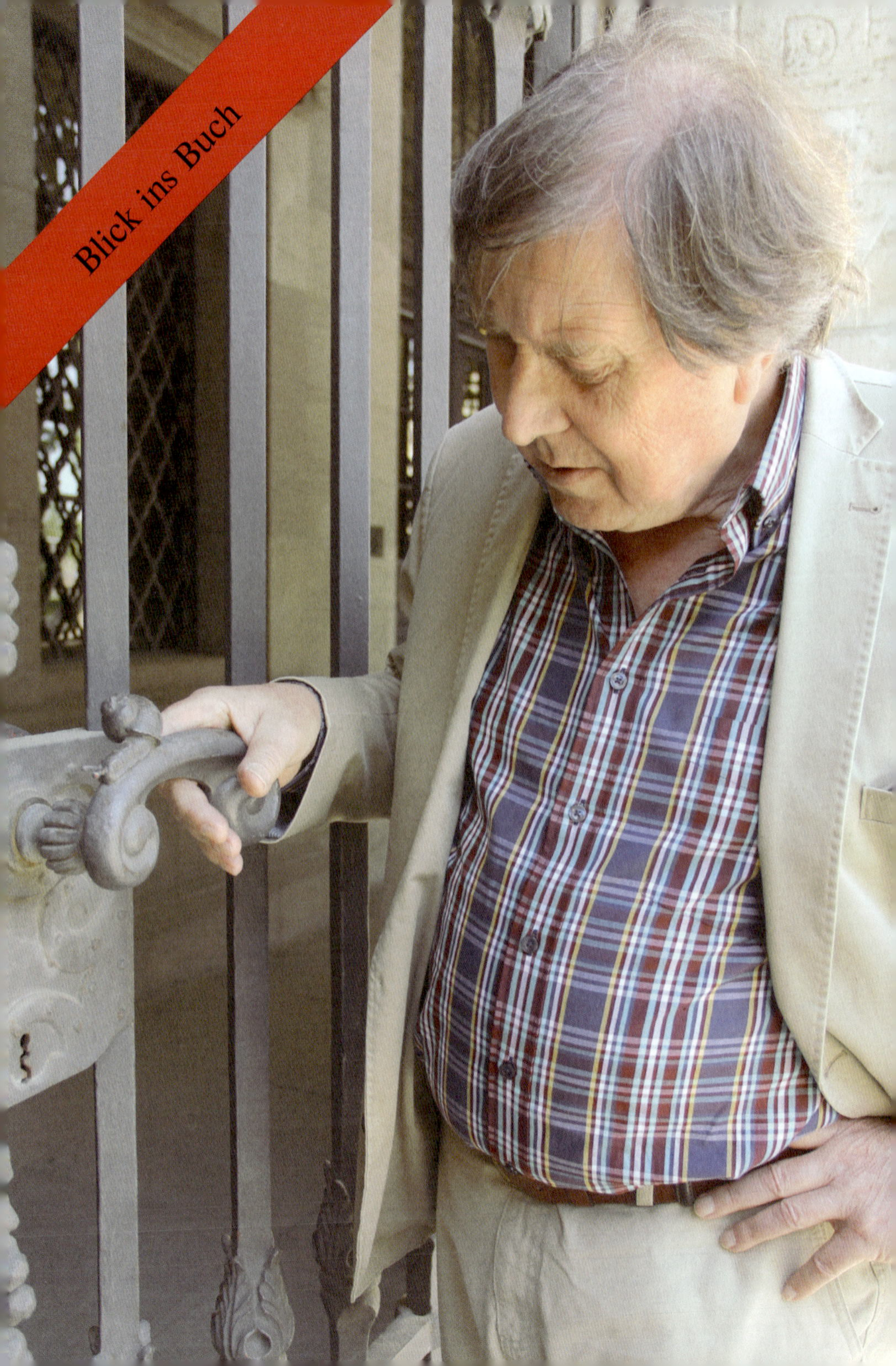
Blick ins Buch

Schnecken

Zeichen für ein langsames Arbeitstempo

Natürlich erfüllen die Klinken an den Eingangstüren zum Neuen Rathaus ihre Funktion: Mit ihrer Hilfe lassen sich die Türen einwandfrei öffnen und schließen. Doch für Leipzig-Kenner Bernd Weinkauf sind sie nicht nur Mittel zum Zweck, sondern liebenswerte Relikte, die an die Entstehungsjahre des Verwaltungsbaus erinnern. Das liegt an den possierlichen Weinbergschnecken aus Eisen, die auf ihnen sitzen.

„Wenn man ein so wichtiges öffentliches Gebäude mit Symbolen schmückt, dann verwendet man dafür normalerweise etwas Großes, Imposantes, Tiere wie Löwen oder Bären zum Beispiel. Hier aber kriecht auf der Türklinke eine Schnecke. Das ist ein Symbol an einer bemerkenswerten Stelle“, erklärt der Schriftsteller. Denn das langsam kriechende Weichtier ist nicht nur ein hübscher Schmuck, sondern es erinnert auch seit mehr als 100 Jahren daran, wie sehr sich der Bau des Neuen Rathauses in die Länge gezogen hat.

Im Jahr 1895 kaufte die Stadt dem Königreich Sachsen die Pleißenburg ab, um durch ihren Abriss Platz für ein neues Rathaus zu schaffen. Die Handelsstadt platzte aus allen Nähten, und auch ihr Verwaltungsgebäude, das heutige Alte Rathaus, war den dadurch entstandenen Anforderungen nicht mehr gewachsen. Ein Architekturwettbewerb wurde ausgeschrieben, den 1897 Stadtbaudirektor Hugo Licht (1841-1923) gewann, sein Entwurf trug den Namen „Arx nova surgit – Eine neue Burg entstehe“. Für die folgende Bauzeit war er sieben Jahre lang von seinem Amt beurlaubt und als Privatarchitekt mit dem Bau betraut. Am 19. September 1899 legte Oberbürgermeister Otto Georgi (1831-1918) als eine seiner letzten Amtshandlungen den Grundstein für den Neubau. Bis dahin hatte alles wie am Schnürchen geklappt. Doch dann begannen jahrelange Bautätigkeiten, von denen am Ende nicht nur Hugo Licht die Nase gehörig voll hatte.

Bernd Weinkauf freut sich immer wieder aufs Neue über die possierlichen Tierchen.

„Der Bau hat fast zwei Jahre länger gedauert als ursprünglich geplant. Das lag unter anderem daran, dass die Stadtverordneten nicht in den Zeitabständen, in denen es nötig gewesen wäre, die entsprechenden Gelder zur Freigabe stellten. Deswegen hatte Hugo Licht ziemlich viel Ärger, und er musste viel mit ihnen streiten", weiß Bernd Weinkauf zu berichten. Das sei sogar so weit gegangen, dass Licht – ein kultivierter Mann – in einer Sitzung völlig aus der Haut gefahren sei, weil er so verärgert darüber war, dass die Verantwortlichen der Stadtverwaltung wieder einmal eine Sache nicht genehmigt hatten. „Wer große Haufen scheißen will, muss auch den Arsch dazu haben!", soll er gewütet haben. Bernd Weinkauf weiß, dass der Gefühlsausbruch des Architekten nicht ohne Wirkung verhallte: „Die Stadtverordneten waren völlig entsetzt. Aber von da an lief es dann rund mit der Bewilligung der Gelder."

Dass die Schnecken noch heute die Türklinken zieren, ist gewissermaßen eine Folge des Ärgers über die unnötig in die Länge gezogene Bauzeit. Das hat Bernd Weinkauf vor vielen Jahren von der Tochter Hugo Lichts erfahren. „Mein jüngster Sohn hatte in den achtziger Jahren eine Schulfreundin, die ihm eines Tages erzählte, dass ihr Uropa das Neue Rathaus gebaut hat. Weil der Junge wusste, wie sehr mich so etwas interessiert, hat er mir das erzählt. Durch diese Vermittlung lernte ich Frau Josefa Böhme kennen, die Tochter von Hugo Licht. Im Gespräch habe ich dann auch erfahren, warum auf den Rathausklinken Schnecken sitzen", erinnert sich Weinkauf an das Gespräch. Hugo Licht, so berichtete dessen Tochter, hatte dem Schlossermeister Hermann Fritzsche den Auftrag erteilt, die Schmiedearbeiten an den Türen auszuführen. „Und kurz vor der Eröffnung ist der Architekt dann mit einem besonderen Wunsch an Fritzsche herange-

So langsam, wie eine Schnecke kriecht, ging es mit dem Bau voran.

treten: Licht wollte unbedingt, dass auf den Türklinken Schnecken sitzen als Zeichen dafür, dass der Stadtrat Entscheidungen nur im Schneckentempo getroffen hatte, wo doch alles so viel schneller hätte vorangehen können", erzählt Bernd Weinkauf. Der Schlosser habe den Auftrag ausgeführt, und so sitzen die Tiere noch heute auf den Türklinken und erinnern an den langen und vor allem für den Architekten nervenaufreibenden Bau des Neuen Rathauses.

Als der Verwaltungsbau 1905 bezogen wurde, gehörte er zu den teuersten und aufwendigsten Rathausneubauten des Deutschen Kaiserreiches. 7,2 Millionen Mark Baukosten, 800.000 Mark für die Ausstattung und 330.000 Mark Honorar waren angefallen. Am 7. Oktober traf kurz nach Mittag Sachsenkönig Friedrich Augustus III. (1865-1932) mit seinen Ministern ein. Zusammen mit den Honoratioren der Stadt und Delegationen aus benachbarten Städten war er dabei, als das Gebäude im Stil des Historismus – es erinnert optisch stark an eine Festung und zugleich an ein Märchenschloss – mitsamt seinem fast 115 Meter hohen Turm eingeweiht wurde. Damit hatte sich die Messestadt einen repräsentativen Bau geleistet, der wie kaum ein anderer symbolisch für das neue Leipzig stand: eine moderne Industriestadt von großer Anziehungskraft.

Tatsächlich jedoch war das Neue Rathaus mit seinen 10.000 Quadratmetern Fläche und seinen 578 Räumen zu diesem Zeitpunkt bereits zu klein für die Aufgaben, die ihm zugedacht waren. Deshalb bekam Hugo Licht gleich den nächsten Auftrag: Von 1908 bis 1912 war er für den Bau des benachbarten Stadthauses verantwortlich, das das Platzproblem lösen sollte. Über Wutausbrüche seinerseits und Schnecken auf den Türklinken ist aus dieser Zeit nichts überliefert.

Heike Thissen

So geht's zu den Schnecken:

Die Schnecken befinden sich auf den Griffen der Eingangstüren am Hauptportal vom Neuen Rathaus (Martin-Luther-Ring 4).

Frauen machen Geschichte.

Leipziger Frauenporträts

Über viele der hier im Buch enthaltenen Leipziger Frauen und über einhundert weitere finden Sie auch ausführliche Beiträge im Online-Portal *Frauen machen Geschichte. Leipziger Frauenporträts*, ein Projekt des Referates für Gleichstellung von Frau und Mann der Stadt Leipzig und der Louise-Otto-Peters-Gesellschaft e.V.

Konzipiert und redaktionell betreut wird das seit 2014 zugängliche und von zahlreichen Autorinnen und Autoren erarbeitete Kompendium von der Kulturwissenschaftlerin Gerlinde Kämmerer, die auch Stadtführungen zu den bedeutenden Leipzigerinnen anbietet (www.erlesenes-leipzig.de). Es gibt Auskunft über die Leistungen und Lebenswege historischer Leipzigerinnen unterschiedlicher Herkunft, Profession und Epoche – vom 15. Jahrhundert bis in die jüngste Vergangenheit – und wird laufend aktualisiert. Jährlich kommen neue Porträts hinzu.

Neben bekannten Persönlichkeiten stehen hier auch bisher unbekanntere Frauen. Auffindbar sind die vorgestellten Frauen über das Namensalphabet und über 21 Rubriken, wie z.B. Frauenbewegung, Kunst, Musik, Soziales, Sport, aber auch Politik, Wirtschaft oder Wissenschaft. Das Portal will Interesse an Frauenleben in den verschiedenen Jahrhunderten wecken und zur weiteren Beschäftigung mit Frauengeschichte anregen.
Porträts bedeutender Leipzigerinnen waren auch zuvor im Internet zu finden – zum Beispiel bei Wikipedia oder im beeindruckenden Großprojekt *fembio* der Frauenforscherin Luise F. Pusch, die seit 1982 Daten sammelt und derzeit 31.000 bedeutende Frauen aller Epochen und Länder online vorstellt. Aber in all diesen Darstellungen ist eben nicht der Bezug zur Stadt Leipzig das Hauptkriterium. Durch dieses Online-Portal sind nun Leipziger Frauenporträts auf einer gemeinsamen Website versammelt und abrufbar. Damit gehört Leipzig neben z.B. Hamburg oder Dresden zu den wenigen deutschen Städten mit einer digitalen Präsentation bedeutender Frauengestalten aus ihrer Stadtgeschichte. Wir hoffen, Ihre Neugier ist geweckt und laden Sie ein, das Portal zu besuchen:

www.leipzig.de/jugend-familie-und-soziales/frauen/1000-jahre-leipzig-100-frauenportraets/

Dresdner Frauen
EVA-MARIA BAST
HAMBURGER FRAUEN
Historische Lebensbilder
aus der Stadt an der Elbe